I0511474

Furger und Partner AG | Hottingerstrasse 21 | CH - 8032 Zürich
+41 44 251 8070 | contact@strategy.app | www.strategy.app

Unternehmensstrategien

Band 2 – Grundsätze und Instrumente

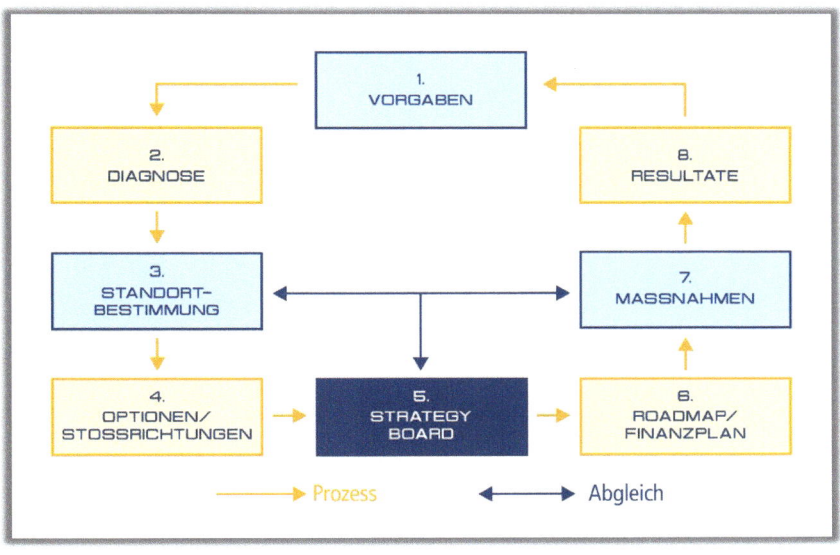

INHALT

Einleitung	6
Teil 1 – Grundsätze	9
Strategische Gesetzmässigkeiten	11
Die Erfahrungskurve	*12*
Die Komplexitätskurve	*15*
Die S-Kurve	*18*
Disruption oder Innovation von unten	*22*
Strategische Erfolgspotenziale	25
Teil 2 – Instrumente	29
Instrumente Vorgaben	*31*
Instrumente Diagnose	*44*
Instrumente Gestaltung	*66*
Instrumente Planung	*75*
Die STRATEGY.APP	81
Der Autor	83
Links	84

EINLEITUNG

Den Aufstieg zu einer Disziplin innerhalb der Betriebswirtschaft und Unternehmensführung erlebte das strategische Management vor ca. 70 Jahren. Grund dafür war das sich verändernde Umfeld. Die 1950er- und 1960er- Jahre markierten den Übergang von relativ stabilen ökonomischen Bedingungen zu einem beschleunigten Wandel der Rahmenbedingungen. Prägend für diese wurden die wachsende Internationalisierung und eine verschärfte Konkurrenz.

Dies bedeutete insbesondere auch eine Zunahme der Komplexität im Management von Unternehmen. Die Grundlagen, an denen sich Unternehmen bis anhin orientiert hatten, reichten nicht länger aus, um einen Betrieb langfristig erfolgreich zu führen. Dazu bedurfte es neuer Methoden und neuer Vorgehensweisen, die im Rahmen der strategischen Unternehmensführung rasch an Bedeutung gewannen. Als Antwort auf diese Herausforderung wurden eine Vielzahl von Ansätzen und Instrumenten entwickelt, die heute zum Grundhandwerk des strategischen Managements gehören.

In jeder Phase werden Instrumente eingesetzt. Deren effiziente und fachgerechte Anwendung bildet das Fundament jeder seriösen Strategiearbeit.

Im Folgenden stellen wir Ihnen diese Instrumente vor. Die meisten Instrumente sind Teil der STRATEGY.APP® und dort auch dokumentiert.

Des Weiteren gibt es für viele Instrumente Vorlagen in Excel sowie detaillierte Anleitungen, die Sie auf www.strategy.app herunterladen können.

Wir zeigen Ihnen in diesem Band

- Was sind die strategischen Gesetzmässigkeiten
- Welches sind die strategischen Steuerungsgrössen und Erfolgspotenziale
- Welches sind die gängigsten Instrumente für die Strategieentwicklung
- **Phase Vorgaben**:
    - Leitbild, Mission, Vision und Vorgaben der strategischen Ziele mit der BSC
- **Phase Diagnose:**
    - Trendanalyse, Wettbewerbs-/Marktanalyse, Kundennutzenanalyse, SWOT und Hauptherausforderungen
- **Phase Gestaltung:**
    - Marktplatz, Adjacencies, Geschäftsmodelle und Stossrichtungen

- **Phase Planung:**
    - Roadmap, Finanzplan und Massnahmen
- **Umsetzung:**
    - Projektmanagement und OKR

Beispiele und Vorlagen zeigen wir anhand unserer Strategiesoftware STRATEGY.APP®.

Mit dem folgenden Link können Sie die App 30 Tage lang kostenlos und unverbindlich testen:

Anmelden für STRATEGY.APP®

TEIL 1 – GRUNDSÄTZE

STRATEGISCHE GESETZMÄSSIGKEITEN

Die strategische Unternehmensführung stützt sich auf eine Reihe von Gesetzmässigkeiten, die als Orientierungsgrundlage für die Sicherstellung des langfristigen Erfolgs dienen. Auf der Basis dieser Gesetzmässigkeiten wurden im Laufe der letzten Jahrzehnte leistungsfähige Instrumente geschaffen, die aus der Entwicklung von Unternehmensstrategien nicht mehr wegzudenken sind.

In diesem Abschnitt werden 4 für das strategische Management zentrale Gesetzmässigkeiten sowie darauf basierende Werkzeuge und deren Anwendung vorgestellt und beschrieben:

Die Erfahrungskurve

... zeigt die Zusammenhänge zwischen den Kosten und der produzierten Menge eines Produkts auf.

Die Komplexitätskurve

... veranschaulicht die Beziehung zwischen Varietätsgrad, Organisationsaufwand und Kosten.

Die S-Kurve

... beschreibt Gesetzmässigkeiten der Entwicklung von Technologien und die Substitution von bestehenden Produkten durch neue Produkte.

Die «Disruptive Innovation»

... zeigt die Innovationen von unten und das Aufkommen neuer Technologien, die zur plötzlichen Ablösung bestehender Produkte führen.

DIE ERFAHRUNGSKURVE[1]

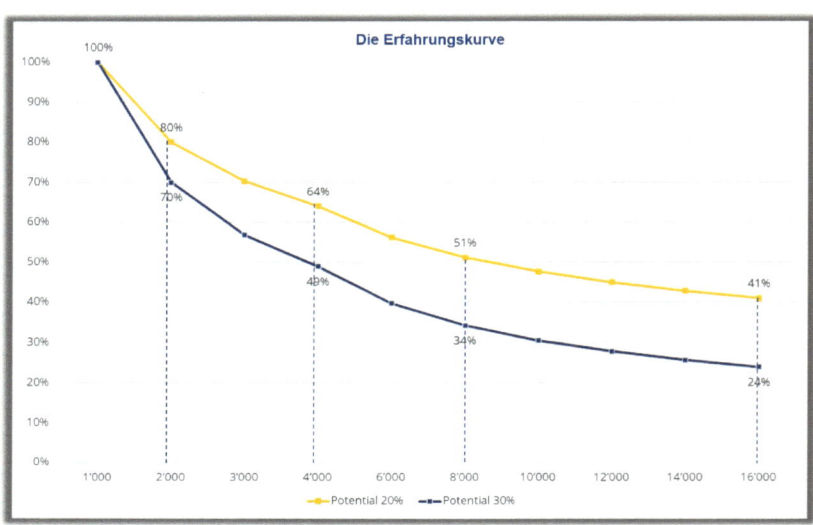

Abbildung 1: Kosten senken mit der Erfahrungskurve

Das Konzept

- Die Erfahrungskurve besagt, dass sich in der Produktion bei jeder Verdoppelung der kumulierten Menge (Erfahrung) ein Kostensenkungspotenzial der Stückkosten oder der Serviceleistungen um 20 – 30% ergibt. Die Beziehung zwischen Produktionsmenge und Kosten ist ein Potenzial. Der vom Mengenwachstum abgeleitete Kostenrückgang stellt sich nicht von allein ein. Es ist Aufgabe der Unternehmensführung, das Potenzial zu erkennen und zu realisieren.
- Das Unternehmen mit dem höchsten Marktanteil hat somit die potenziell niedrigsten Stückzahlkosten. Folglich sind Marktanteile stets bestimmend für die Kostenposition. Die Wirkung der Erfahrungskurve ist besonders hoch in der ersten Hälfte des Lebenszyklus eines Produkts.

---

[1] Quellen: A. Gälweiler: Strategische Unternehmensführung, 1987; Bruce D. Henderson: Die Erfahrungskurve in der Unternehmensstrategie, 1968; J.- P. Thommen: Betriebswirtschaftslehre, 2007

- Die Erfahrungskurve ist eine Erweiterung der Lernkurve. Während die Letztere allein die Fertigungskosten einbezieht, berücksichtigt die Erfahrungskurve sämtliche Wertschöpfungsstufen.

Das Konzept der Erfahrungskurve wurde von der Boston Consulting Group auf der Basis empirischer Untersuchungen entwickelt und von Bruce D. Henderson in «Die Erfahrungskurve in der Unternehmensstrategie» (1968) erstmals ausführlich beschrieben.

Ursachen der Erfahrungskurveneffekte

- Übergang zu rationelleren Fertigungsverfahren
- Übergang zu rationelleren Organisationsformen
- Verminderte Personalkosten durch Lerneffekte
- Effizientere Lagerung
- Rationellere Distributionsverfahren
- Allgemeine Fixkostenregression bei zunehmender Beschäftigung

Anwendung

- Die Gesetzmässigkeiten, die durch die Erfahrungskurve aufgezeigt werden, sind von weitreichender Bedeutung für das strategische Management. Die Erfahrungskurve zeigt die Bedeutung der Marktanteile auf. Sie hat eine ähnlich grundlegende Bedeutung für die strategische Unternehmensführung wie die Bilanz für die Erfolgssteuerung (A. Gälweiler, 1987).
- Die Erfahrungskurve dient zum Verständnis von langfristigen Entwicklungen; sie ist nicht geeignet für kurzfristige Analysen, da sie ein langfristiges Phänomen ist.
- Die Erfahrungskurve ist ein leistungsfähiges Instrument für Wettbewerbsanalysen und Marktkonzeptionen. Mit ihrer Hilfe lassen sich insbesondere die nachfolgenden Fragen bezüglich Unternehmensstrategie und Wettbewerbsumfeld klären:

Grenzen der Anwendung

Das Potenzial der Erfahrungskurve wird durch den Umstand beschränkt, dass eine genaue Produkt- und Kostenabgrenzung sowie das Messen der kumulierten Erfahrung schwierig sind.

Im Unternehmen

- Zukünftige Stückkosten lassen sich planen

- Ermöglicht Kontrolle, ob die aus dem Zuwachs der kumulierten Menge resultierenden Kostensenkungspotenziale genutzt werden
- Liefert Grundlagen für Zielvorgabe für Kostensenkungen
- Kostenabstände zu Wettbewerbern lassen sich eruieren (insofern deren Marktvolumen und Marktanteile bekannt sind)
- Dient als leistungsfähiges Werkzeug zur Beurteilung strategischer Ziel-Alternativen

Bezüglich Lieferanten

- Erlaubt Einschätzung der Kostensituation der Zulieferer
- Bildet eine Grundlage für Make-or-Buy-Entscheidungen

Für die Marktanalyse

- Hilft, Kosten- und Preisentwicklungen zu erkennen
- Gibt Aufschluss über die Kostensituation der Konkurrenten

DIE KOMPLEXITÄTSKURVE[2]

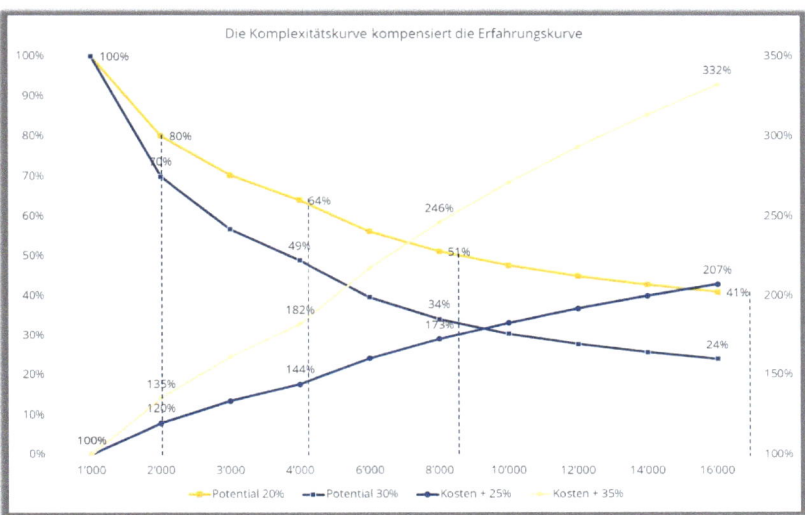

Abbildung 2: Wird die Anzahl der Varianten im Gleichschritt erhöht, frisst die Komplexitätskurve den Effekt der Erfahrungskurve auf

Das Konzept

- Systeme sind in unterschiedlichem Grad komplex. Je mehr Elemente sowie Beziehungen zwischen diesen ein System aufweist, desto grösser ist seine Komplexität. Als Messeinheit dient die «Varietät». Diese bringt die Summe der Zustände zum Ausdruck, die ein System einnehmen kann. Komplexität ist die Voraussetzung für anspruchsvolle Systeme. Je höher die Varietät eines Systems ist, desto anspruchsvoller und aufwendiger wird allerdings dessen Steuerung.
- Unternehmen sind im höchsten Grad komplexe Systeme (High Variety Systems). Die Ursachen lassen sich vier Bereichen zuordnen:
  - der Variantenvielfalt der Produkte,
  - der Komplexität der Struktur,
  - der Komplexität der Prozesse sowie
  - der Art der Führung.

---

[2] Quellen: D. Adam (Hrsg.): Komplexitätsmanagement, 1998.; H. Ulrich: Unternehmenspolitik, 1978.

- Zudem kann Komplexität systemintern sein oder auf den Beziehungen zur Umwelt beruhen.

Messgrösse «Varietät»

Besteht ein System aus 2 Lichtquellen, von denen jede an oder aus sein kann, kann dieses 4 verschiedene Zustände einnehmen. Bei 20 Lichtquellen beträgt die Varietät bereits 220, was 1 048 576 ergibt. Und bei 64 steigt diese auf über 18 Trillionen. Noch weit rascher wächst die Varietät, wenn es sich um ein dynamisches System handelt (H. Ulrich, 1970).

Die Komplexitätsfalle

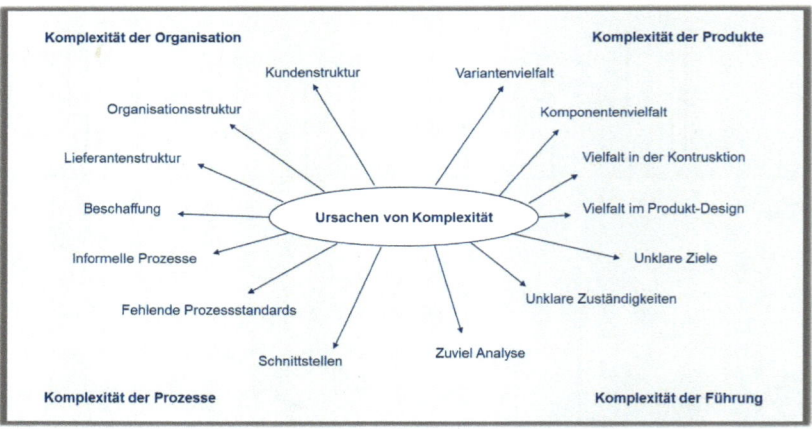

Abbildung 3: Ursachen von Komplexität

Zu hohe Anforderungen in zu kurzer Zeit haben nachteilige Folgen für das Management:

- Tunnelblick
- Ungenügende Lösungen
- Verunsicherung und
- Glaubwürdigkeitsproblem

Anwendung

- Komplexität im Unternehmen muss aktiv gestaltet werden. Im Fokus stehen die Fragen, welches Mass an Komplexität erforderlich ist und wie ein System mit seiner Komplexität steuerbar bleibt. Dabei greift Komplexitätsmanagement in zwei Richtungen ein: zu hohe Komplexität ist zu reduzieren, die verbleibende Komplexität ist zu kontrollieren. In Unternehmen bestimmt die Strategie weitgehend das Mass an erforderlicher Komplexität.
- Um Komplexität zu kontrollieren und zu reduzieren, stehen für das strategische Management insbesondere die von H. Wildemann entwickelte Komplexitätskurve, aber auch weitere Instrumente zur Verfügung.

Die Komplexitätskurve

In einem Unternehmen steigen die Stückkosten auf Vollkostenbasis mit wachsender Variantenvielfalt. Die Komplexitätskurve zeigt, dass mit jeder Verdoppelung der Anzahl Varianten die Kosten pro Produkteinheit um 20 – 35% steigen. Diese Kosten verstecken sich im «Overhead» – und werden damit von einer Deckungsbeitragsrechnung nicht offengelegt.

Die Komplexitätskurve dient als Werkzeug zur Regulierung der Produktvarietät im Verhältnis zum Verwaltungsaufwand und unterstützt damit das Ziel, Komplexität kontrollierbar zu machen.

Weitere Ansätze zur Begrenzung und Reduktion von Komplexität

ABC-Analyse

Wird eingesetzt, um Schwerpunkte und Prioritäten festzulegen. Dient der Kontrolle von Komplexität.

Systematische Müllabfuhr

Einrichten eines Prozesses im Unternehmen, mit dessen Hilfe überholtes und überfüssiges systematisch ausgeräumt und entfernt wird.

DIE S-KURVE

Abbildung 4: Die S-Kurve und die unterschiedlichen strategischen Ausrichtungen

Märkte wachsen nicht in den Himmel. Die Verbreitung von Produkten und damit die Entwicklung von Märkten folgen einem s-förmigen Muster. Damit lassen sich diese in drei Phasen unterteilen: die Startup-Phase, die Wachstumsphase und die Sättigungsphase. Die strategischen Erfolgsfaktoren sind je nach Phase unterschiedlich: in der Startup-Phase ist es der Kundennutzen, in der Wachstumsphase der Marktanteil, in der Sättigungsphase sind es die Kosten.

Das Konzept

Die Grundlage zu diesem Sachverhalt bildet das Phänomen der S-Kurve. Das von Foster und McKinsey in den 1980er-Jahren lancierte Konzept basiert auf dem Modell des Technologielebenszyklus und beschreibt den Zusammenhang zwischen der Leistungsfähigkeit einer Technologie und den dafür eingesetzten Ressourcen (kumulierte Kosten für E & F).

Je weiter entwickelt eine Technologie ist, desto grösser sind die Kosten für eine zusätzliche Leistungssteigerung. Neue Technologien weisen zu Beginn einen kleinen Zuwachs der Leistungsfähigkeit bezüglich des investierten Aufwands auf. Diese steigt aber nach dem Erreichen einer kritischen Stufe rasch an. Geht die Technologie ihrer Leistungsgrenze entgegen, sinkt die Wachstumsrate im Verhältnis zum Aufwand erneut.

Die Entwicklung von Technologien verläuft idealtypisch in 4 Phasen[3]:

- Kognition
- Invention
- Innovation
- Diffusion

Entsprechend lassen sich Technologien in 3 Typen unterteilen:

Basistechnologie – Schlüsseltechnologie - Schrittmachertechnologie.

Substitution von Produkten

Bestehende Produkte werden von neuen Produkten meist auf Basis einer neuen Technologie substituiert. Dieses Phänomen zeigte sich z. B. bei den folgenden Ablösungsprozessen:

- Substitution der Pferdekutsche durch das Automobil
- Substitution der Langspielplatte durch die CD
- Substitution von Telex durch Fax, dann durch E-Mail und jetzt durch soziale Netzwerke
- Substitution von gedruckten Büchern durch E-Books.

Das Marktvolumen des neuen Marktes ist dabei jeweils um Faktoren grösser als das alte.

Anwendung

Das S-Kurven-Konzept wird im strategischen Management eingesetzt, um möglichst frühzeitig «technische Diskontinuitäten» zu erkennen und um den besten Zeitpunkt zu finden, um von einer alten auf eine neue Technologie zu

---

[3] nach G. Ropohl

wechseln. Damit kann die Zuteilung von Investitionsmitteln zu bestehenden Technologien und Innovation optimiert werden.

Technologiesprung – «technische Diskontinuitäten»

- Die Ablösung von Technologien durch das Aufkommen neuer technischer Lösungen wird als Technologiesprung oder als «technische Diskontinuität» bezeichnet.
- Dieser Substitutionsprozess birgt für Unternehmen ebenso Risiken wie Chancen. Wird ein Technologiesprung nicht rechtzeitig erkannt, kann dies zu einem erheblichen Nachteil oder gar zum Aus für ein Unternehmen führen. Eine wichtige Aufgabe des strategischen Managements besteht darin, die richtige Strategie in diesem Innovationsprozess zu wählen.

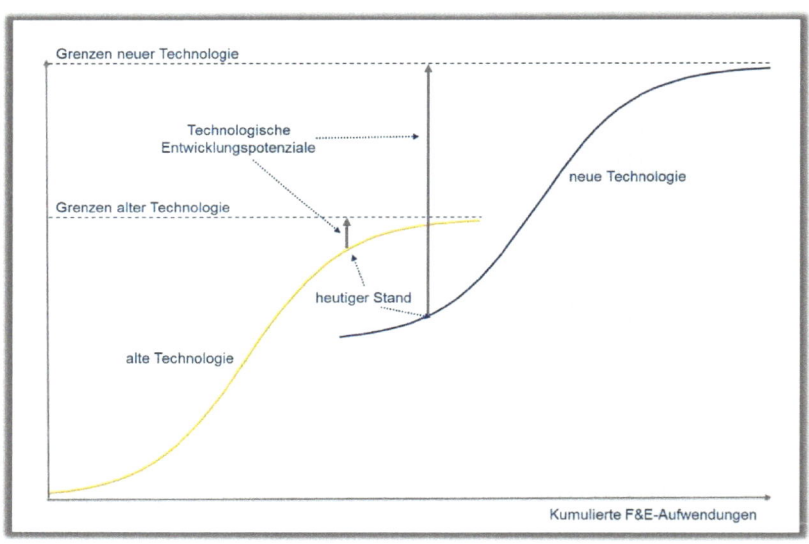

Abbildung 5: Disruptive Technologien

Grenzen der S-Kurve

Die praktische Anwendung der S-Kurve wird durch eine Reihe von Gegebenheiten erschwert. So ist die Abgrenzung des Untersuchungsobjektes immer nur unter gleichen Bedingungen möglich. Daher ist das Instrument vor allem als Sensibilisierungshilfe und in Bezug zu weiteren Grundlagen zu verwenden. Der Einsatzbereich kann die folgenden Aufgaben umfassen[4]:

- Abgrenzung von Technologien und Produkten
- Vorgehensweise bei der Bildung eines summarischen Leistungsfähigkeitsincexes für verschiedene Technologien
- Bestimmung des optimalen Zeitpunktes für eine Ressourcenverlagerung von einer alten zu einer neuen Technologie
- Prognose des im Einzelfall gültigen S-Kurvenverlaufs

> *Download Whitepaper S-Kurve:*
> *https://www.strategy.app/whitepaper_s_kurve*

---

[4] T. J. Gerpott, 1999

DISRUPTION ODER INNOVATION VON UNTEN

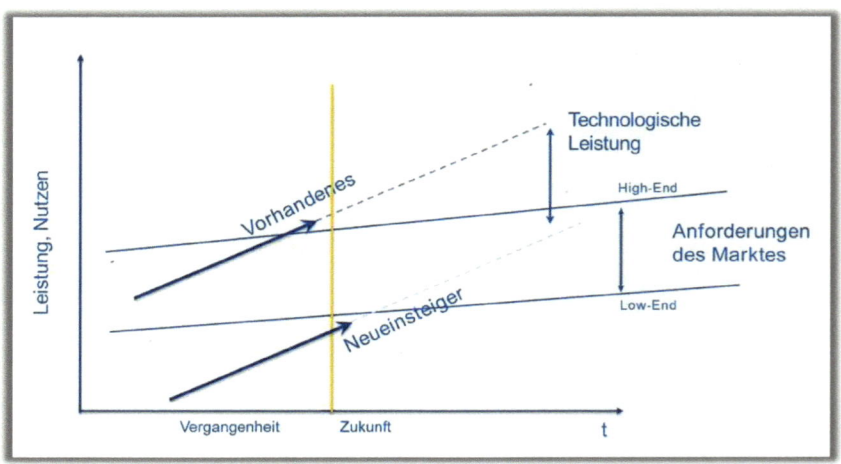

Abbildung 6: Das Konzept der disruptiven Innovation

Das Konzept

Das Konzept der disruptiven Innovation wurde im Jahre 1995 von J. L. Bower / C. M. Christensen aufs Tapet gebracht. Sie nannten es die Innovation von unten.[5]

Unter «disruptiven Innovationen» versteht man ein bestimmtes Aufkommen von neuen Technologien, Anwendungen oder Methoden, durch die Produkte oder Dienstleistungen verbessert werden, und die althergebrachten Produkte schliesslich verdrängen und ablösen. Meist werden dabei auch neue Märkte geschaffen.

Der Prozess weist ein klares Muster auf: Etablierte Unternehmen greifen Innovationen nicht oder zu spät auf. Aufstrebende junge Unternehmen entwickeln die neuen, oft noch weniger leistungsfähigen Produkte in kleinen neuen

---

[5] Quelle: J. L. Bower / C. M. Christensen: Disruptive Technologies: Catching the Wave, HBR, 1995

Märkten bis zu einem Grad, wo sie in den Markt der Branchenführer eindringen. Wenn dann etablierte Unternehmen die Innovation aufgreifen, finden sie sich häufig bereits weit im Rückstand und werden oft gar aus dem Markt verdrängt.

Warum etablierte Unternehmen disruptive Innovationen verpassen

Etablierte Unternehmen sind auf die bestehende aktuelle Bedürfnisbefriedigung Ihrer Kunden fokussiert und damit auf die Verbesserung der bestehenden Technologien («sustaining innovations»). Die Kunden wollen vorerst häufig die neuen Technologien noch nicht.

Neue, disruptive Innovationen sind meist zu Beginn weniger leistungsfähig, auf einen neuen, kleineren Markt ausgerichtet und damit für etablierte Unternehmen nicht interessant. Der Druck, die bestehende Kundschaft zu versorgen und die bestehenden Produkte zu verbessern, verhindert, dass Ressourcen für unsichere Innovationen zur Verfügung gestellt werden.

Beispiele

- Chemische Fotografie – Digitale Fotografie
- CD, DVD – Herunterladbare digitale Inhalte
- USB Flash Drives – Cloud Computing

Anwendung

Selbst wenn Unternehmen das Aufkommen disruptiver Innovationen erkennen, schaffen sie es häufig nicht, entsprechend auf die Bedrohung zu reagieren. Als Schlüssel für das Angehen der Problematik schlagen Bower / Christensen folgenden Weg vor: Strategisch wichtige disruptive Innovationen sind in einem organisatorischen Kontext zu managen, in dem unternehmerische Vorstösse in neue Märkte ohne den Druck der etablierten Organisation möglich sind. Dieses Vorgehen erinnert an Peter Druckers Empfehlungen zum Innovationsmanagement (Innovation and Entrepreneurship, 1985).

Methode (Bower / Christensen)

Schritt 1   Abklären, ob eine Innovation disruptiv oder sustaining ist und welche unter den disruptiven Innovationen eine Bedrohung darstellt. Zu deren Erkennen sollte ein Unternehmen ein systematisches Vorgehen haben.

Schritt 2   Definieren der Bedeutung der disruptiven Technologie: Der Fehler vieler Unternehmen besteht darin, dass die falschen Fragen gestellt werden und das falsche Kundensegment befragt wird.

Schritt 3   Den anfänglichen Markt für die disruptive Innovation lokalisieren. Herkömmliche Marktanalysen sind dabei nicht hilfreich. Dazu sind Versuche zu Produkten und Märkten notwendig.

Schritt 4   Die Zuständigkeit für den Aufbau eines Geschäfts für disruptive Technologien ist in eine unabhängige Organisation zu legen: in kleinen Teams, frei von den Zwängen der Hauptorganisation. Diese Strategie wird meist falsch verstanden: Eine separate Organisation eignet sich nur dann, wenn die disruptive Innovation noch niedrige Ergebnisse hat und ein neues Kundensegment anspricht.

Die disruptive Organisation unabhängig halten: Etablierte Unternehmen können nur durch das Aufstellen kleiner Organisationen aufkommende Märkte dominieren. Die Integration von disruptiven Innovationen, auch wenn sie einmal profitabel sind, kann desaströs sein (Kampf um Ressourcen; Frage, wann welches Produkt kannibalisieren).

> *Download Whitepaper Disruption:*
> *https://www.strategy.app/whitepaper_disruption*

STRATEGISCHE ERFOLGSPOTENZIALE

So wie das operative Management in den Ergebniszahlen auf Jahres- oder Quartalsebene seine Steuerungs- oder Kerngrössen hat, gibt es diese auch für das strategische Management. Als wichtigster Erfolgsfaktor gilt hier der Marktanteil oder, allgemeiner umschrieben, die Marktposition. Die weiteren Ausführungen zu den strategischen Kerngrössen erfolgen auf der Grundlage des Navigationssystems von Aloys Gälweiler.

Strategische Erfolgspotenziale

Erfolgspotenziale sind sämtliche Voraussetzungen und Fähigkeiten eines Unternehmens, aus denen die operativen Ergebnisse des Unternehmens erzielt werden. Gälweiler nimmt hier eine Differenzierung vor, indem er zwischen heutigen und zukünftigen Erfolgspotenzialen unterscheidet.

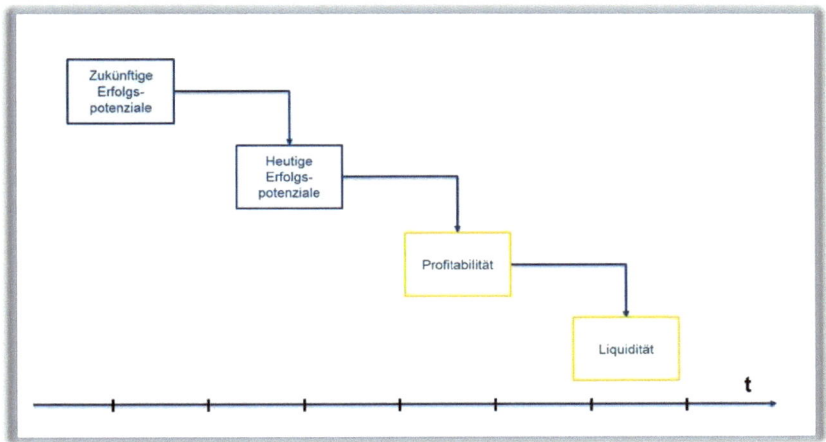

Abbildung 7: Vom Aufbau von Erfolgspotenzialen bis zur Realisierung von Gewinn und Cash dauert es mehrere Jahre

Heutige Erfolgspotenziale

Heutige oder bestehende Erfolgspotenziale sind die Basis für den mittelfristigen Erfolg des Unternehmens. Wichtigste Kennzahlen dafür sind die

Marktposition und die Kostenposition. Über den langfristigen Erfolg und Fortbestand des Unternehmens sind auch diese Kennzahlen zu wenig aussagekräftig.

Die heutigen Erfolgspotenziale leiten sich gemäss Gälweiler aus Steuerungsgrössen der Kostenposition und der Marktstellung ab. Aus unserer Sicht ist es unerlässlich, als weitere Position für Steuerungsgrössen den Bereich der Mitarbeiter einzubeziehen. Unsere Erfahrung zeigt, dass diesem als strategisches Erfolgspotenzial ebenfalls eine entscheidende Rolle zukommt.

Kostenposition

Als Steuerungsgrössen der Kostenposition wirken die verschiedenen Arten von Produktivität. Zum Tragen kommen hier die kontinuierliche Verbesserung der Prozesse und die Etablierung von Best Practice:

- Produktivität des Wissens
- Produktivität des eingesetzten Kapitals
- Produktivität der Mitarbeiter

Marktposition

Die Steuerungsgrössen der Marktposition umfassen die folgenden Faktoren:

- Absoluter Marktanteil
- Relativer Marktanteil (im Verhältnis zu den 3 grössten Konkurrenten)
- Kundenbeziehung
- Relative Qualität
- Image

Mitarbeiter

Der aktive Einbezug der Mitarbeiter in die Unternehmensentwicklung setzt starke und oft ungeahnte Energien frei und unterstützt entscheidend den Aufbau von Faktoren wie:

- Know-how
- Kernkompetenzen
- Motivation, Engagement
- Ideen

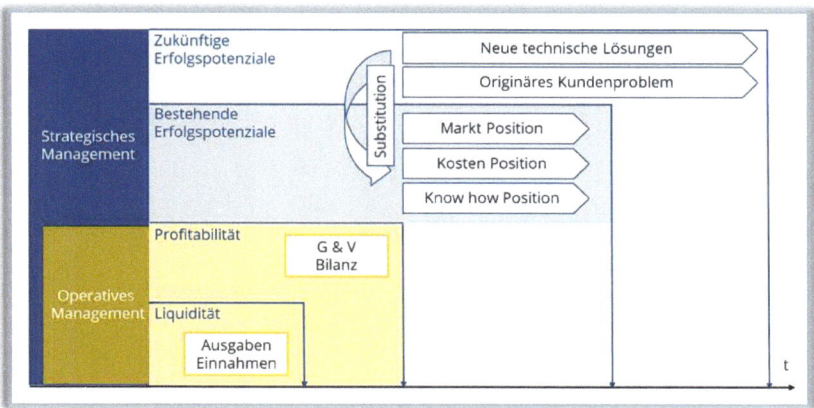

Abbildung 8: Das Navigationssystem nach A. Gälweiler

Zukünftige Erfolgspotenziale

Zukünftige Erfolgspotenziale sorgen dafür, dass ein Unternehmen langfristig erfolgreich bleiben kann. Die zentralen Steuerungsgrössen dafür sind das «lösungsunabhängige Kundenproblem» sowie neue technologische Entwicklungen. Auch der Aufbau von zukünftigen Erfolgspotenzialen wird der strategischen Führung zugerechnet. Im Wesentlichen entspricht damit die Entwicklung zukünftiger Erfolgspotenziale der Innovation und somit dem strategischen Innovationsmanagement.

Originäres Kundenproblem

Der Kundennutzen ist der Ankerhaken für jede Unternehmensstrategie:

- Für was bezahlt der Kunde wirklich?
- Für was legt er das Geld auf unsere Theke und geht nicht zur Konkurrenz?

Man nennt das auch das «Lösungsunabhängige Kundenproblem»

TEIL 2 – INSTRUMENTE

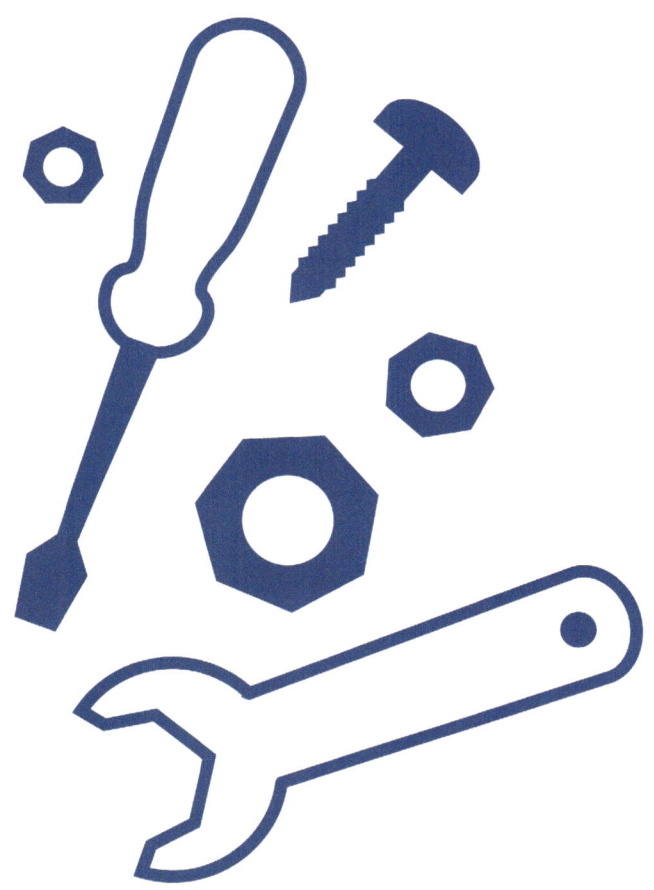

INSTRUMENTE VORGABEN

- Leitbild
- Leitplanken – Rahmenziele
- Strategische Ziele – BSC
- Geschäftsfeldgliederung
- eBMC

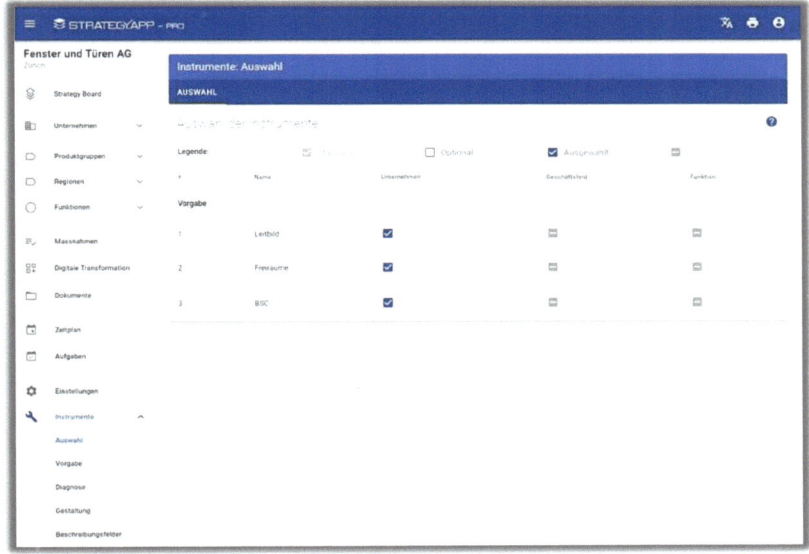

Abbildung 9: Instrumente für die Vorgaben

Leitbild

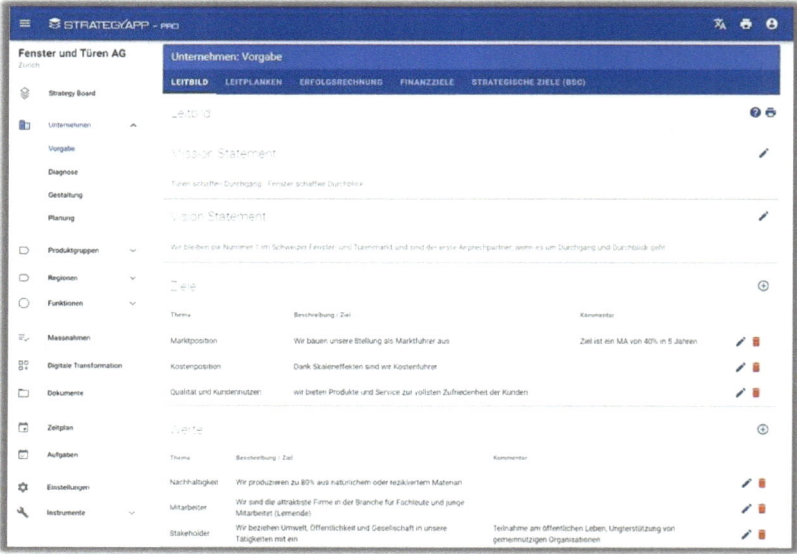

Abbildung 10: Das Leitbild mit Vision, Mission und Werten:

Funktion und Anwendung

Das Leitbild oder die Unternehmenspolitik

Das Leitbild wird in einem separaten Workshop erarbeitet und hier werden die Ergebnisse eingetragen. Das Unternehmensleitbild, oder wie es Ulrich nannte, die Unternehmenspolitik, besteht aus drei Elementen:

- Mission
- Vision
- Werten

Die Mission

Die Mission beschreibt den Unternehmenszweck. Sie sagt aus

- Was oder wer wir sind
- Was wir darstellen

- Für was wir stehen

Die Mission wird in einem kurzen, prägnanten Statement beschrieben.

Beispiel:

- Wir sind die Nummer eins in der Baubranche
- Wir sind der Qualitätsführer im Fensterbau

Die Vision

Die Vision beschreibt, wohin das Unternehmen gehen will, welche Ziele es langfristig erreichen soll:

- Welche Marktposition soll es in 5 oder 10 Jahren einnehmen
- Welcher Umsatz soll erreicht werden
- Welche Ziele sollen unter der Mission angestrebt werden

Die Vision beschreibt, was wir werden wollen und wir das Unternehmen bringen wollen, also "Was sind die Ziele"

Die Vision wird demnach in zwei Teilen beschrieben:

- einer allgemeinen Vision, wohin es gehen soll
- konkrete Ziele, die auf diesem Weg angestrebt werden

Die Werte

Die Werte beschreiben den Charakter des Unternehmens. Sie sind das, was das Unternehmen zusammenhält. Wir beschreiben diese in Bezug auf einige Merkmale, z.B. der Beziehung zum Kunden, der Behandlung von Mitarbeitern oder dem Verhältnis zur Nachhaltigkeit. Einzelne Themen werden konkret festgehalten.

> **Hinweis**
>
> Entscheidend für ein Leitbild ist, dass dieses spezifisch für ein Unternehmen entwickelt wird. Das Leitbild darf auf keinen Fall austauschbar und damit beliebig sein.

Abgleich mit Ulrich:

Während man heute gerne über das Leitbild redet, hat Hans Ulrich das gleiche Anliegen mit dem Begriff Unternehmenspolitik umschrieben. Damit fasste er die Aussagen zum grundlegenden Unternehmenszweck, zu den Unternehmenszielen und den Unternehmenswerten zusammen. Wir werden diese beiden Begriffe in der Folge synonym verwenden.

Vergleichen wir den Ansatz von Ulrich mit den Begriffen unserer Zeit, so sehen wir folgende Äquivalente:

- Unternehmenszweck = Mission
- Unternehmensziele = Vision
- Unternehmenswerte = Werte

Download Whitepaper Leitbild:
https://www.strategy.app/whitepaper_mission_vision

Leitplanken – Rahmenziele

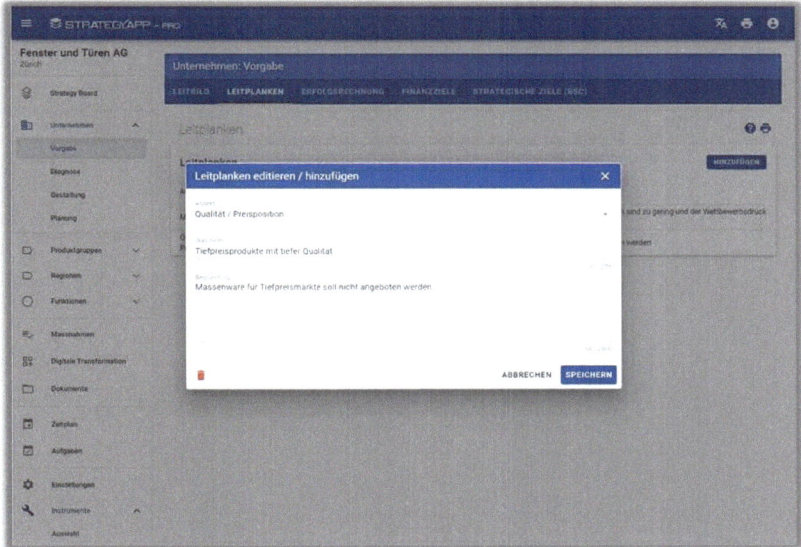

Abbildung 11: Leitplanken für die Strategieentwicklung

Funktion und Anwendung

Die Leitplanken, auch Freiräume genannt, werden am Anfang des Strategieprozesses aufgestellt und bilden den Rahmen für die Strategieentwicklung. Dieser Rahmen wird in der Regel vom Auftraggeber, d.h. vom Verwaltungsrat (Aufsichtsrat) bzw. den Eigentümern des Unternehmens definiert.

Gleichzeitig ist der Grundsatz zu berücksichtigen, dass die Mitarbeiter, die die Strategie entwickeln, einzubinden sind. Deshalb schlagen wir vor, dass das Thema «Leitplanken» gleich zu Beginn mit dem Strategie-Team beantwortet und diskutiert wird. Die Ergebnisse werden Auftraggeber vorgelegt, bei dem der endgültige Entscheid liegt.

Damit sind die Leitplanken das Spielfeld für die Strategieentwicklung. Es geht hier vor allem um Themen und Optionen, die nicht in die Strategie aufgenommen werden. Das können Produkte sein, Regionen oder Länder, aber auch spezifische Marktsegmente. Diese werden explizit ausgeschlossen. Ein Unternehmen, das Hörgeräte herstellt, hat in der Strategie explizit festhalten, dass

Kopfhörer nicht hergestellt und vertrieben werden (Sonova von einigen Jahren).

Solche Leitplanken können für folgende Themen festgelegt werden:

- Kunden / Zielgruppen
- Leistungsprogramm / Produkte
- Märkte / Regionen
- Qualität / Preisposition
- Finanzierung / Investitionen
- Kooperation / Netzwerke

Für eine weitergehende Beschreibung siehe unser Whitepaper Leitplanken:

Download Whitepaper Leitplanken:
https://www.strategy.app/whitepaper_leitplanken

Strategische Ziele – BSC

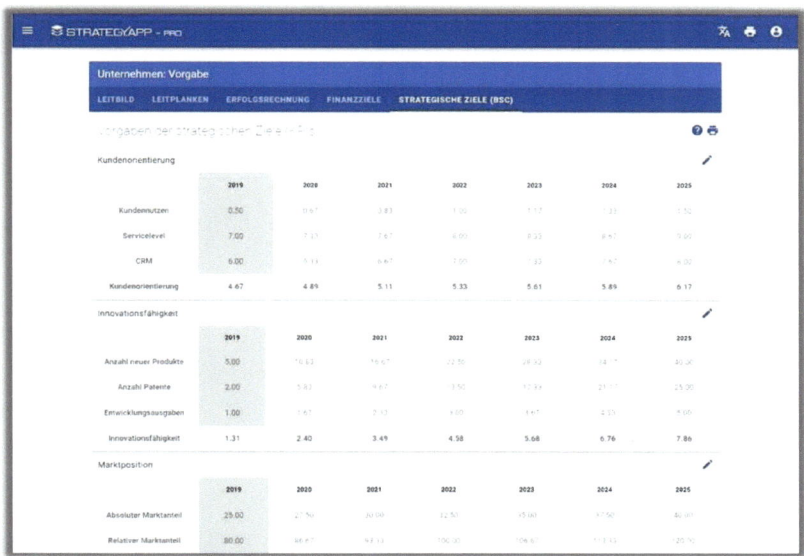

Abbildung 12: Strategische Ziele mit der Balanced Score Card

Funktion und Anwendung

Mit der BSC legen wir die strategischen Führungsgrössen des Unternehmens fest. Sie ist in Perspektiven eingeteilt. Die Einteilung haben wir inhaltlich aus dem Navigationssystem von A. Gälweiler übernommen. Sie können diese aber nach Bedarf abändern, ergänzen oder anpassen. Zum Beispiel können Sie die Perspektiven der Balanced Score Card (BSC) einsetzen.

Auf der Unternehmensebene legen wir die strategischen Ziele in Form von KPI fest. Die Struktur ist analog der Struktur der Balanced Score Card; d.h. wir arbeiten mit Dimensionen und Ausprägungen.

In der STRATEGY.APP® orientieren wir uns am Navigationssystem von A. Gälweiler, das einen logischen Aufbau von Kenngrössen erlaubt:

- Kundenorientierung
    - Kundennutzen (siehe dazu auch das Instrument Kundennutzen / Value Proposition)

- Servicelevel
- CRM
- Innovationsfähigkeit
    - Anteil neuer Produkte (neu über einen Zeitraum von 3 Jahren - individuell festzulegen)
    - Anzahl Patente
    - Entwicklungsausgaben im Verhältnis zum Umsatz
- Marktposition
    - Absoluter Marktanteil
    - Relativer Marktanteil
    - Regionale Präsenz
    - Image
- Wissensposition
    - Wissen der Mitarbeiter (Anzahl Fachkräfte, Erfahrung)
    - Wissen der Organisation (Anzahl Sitzungen)
- Kostenposition
    - Produktivität der Arbeit
    - Produktivität des Wissens
    - Produktivität des Kapitals (Kapitalrendite)

Diese Parameter können Sie nach Bedarf ändern und/oder ergänzen. Alternativ können Sie auch die Balance Score Card als Basis heranziehen. Die Beziehung zwischen den Gälweiler'schen KPIs und der Balanced Score Card ist unschwer zu erkennen:

Gälweiler	BSC
Wissensposition	Mitarbeiter-, Potenzial- bzw. Lern- und Wachstumsperspektive
Kostenposition	Interne Prozessperspektive
Kundenorientierung	Kundenperspektive
Finanzen	Finanzenperspektive

Geschäftsfeldgliederung

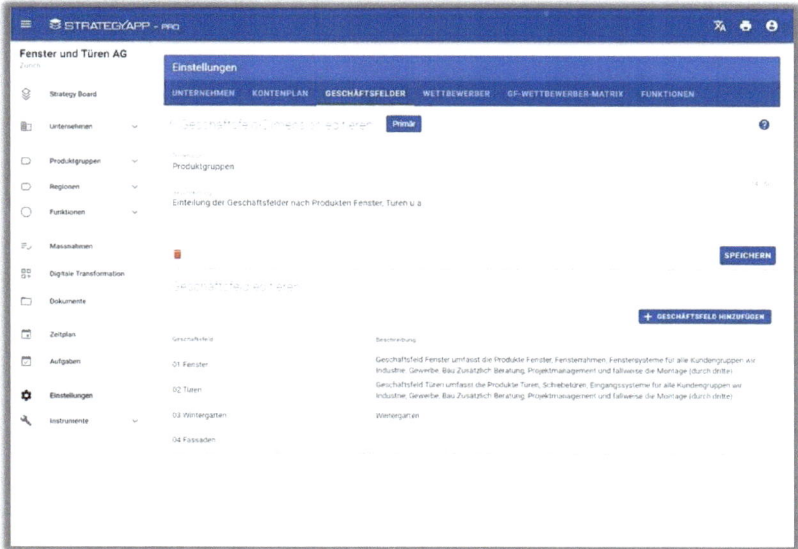

Abbildung 13: Unterteilung des Unternehmens in strategische Geschäftsfelder

Funktion und Anwendung

Dieses Instrument wird eingesetzt, um das Unternehmen in Geschäftsbereiche zu gliedern, die die Einheiten für die strategische Steuerung des Unternehmens bilden. Insbesondere die strategischen Kennzahlen kommen auf dieser Ebene zur Anwendung. Die Einheiten werden deshalb strategische Geschäftsfelder (SGF) genannt. Sie wurden früher auch als «Produkt-Marketing-Kombination» bezeichnet. Dieser Begriff greift allerdings etwas zu kurz, da die Gliederung in strategische Geschäftsfelder aufgrund von 6 bis 8 Dimensionen erfolgen kann, wie z.B. nach Regionen, nach Kundengruppen, nach Produkten oder nach Technologien. Zur Findung oder Überprüfung der bestmöglichen Gliederung nutzen wir eine Liste von Checkfragen. Im Whitepaper Geschäftsfeldgliederung finden Sie die Anleitung und die Checkfragen. Für die so definierten Geschäftsfelder werden in der Folge die jeweiligen Geschäftsfeldstrategien ausgearbeitet.

Es sei aber gleich klargestellt, dass es nie eine beste Gliederung gibt. Für die hier definierten Geschäftsfelder werden in der Folge die jeweiligen

Geschäftsfeldstrategien ausgearbeitet. Nach Bedarf kann auch eine zwei- oder mehrstufige Gliederung vorgenommen werden. Die Organisation kann, muss aber nicht, nach Abschluss der Geschäftsfeldgliederung mit dieser übereinstimmen.

Hinweis: Die Organisation des Unternehmens wird im optimalen Fall mit der Geschäftsfeldgliederung abgestimmt. Der beste Ansatz dazu wir im Buch "Die dritte Dimension des Organisierens" von M. Pfiffner beschrieben.

Im Whitepaper Geschäftsfeldgliederung finden Sie eine Anleitung für die Einteilung der Geschäftsfelder sowie Checkfragen dazu, um die Plausibilität zu prüfen.

Download Whitepaper Geschäftsfeldgliederung:
https://www.strategy.app/whitepaper_geschaeftsfeldgliederung

Geschäftsfeldbeschreibung

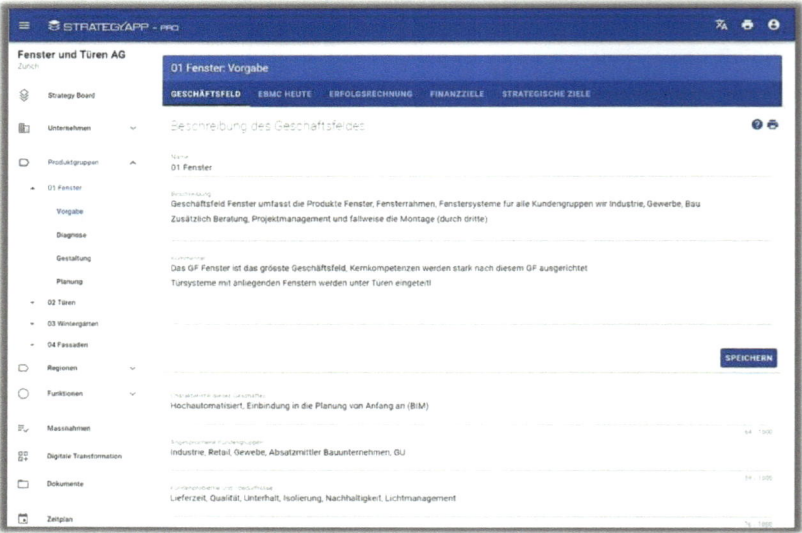

Abbildung 14: Beschreibung der einzelnen Geschäftsfelder

Funktion und Anwendung

Wie wir bei der Geschäftsfeldgliederung gesehen haben, kann ein Unternehmen nach einer von 5 – 7 Dimensionen in Geschäftsfelder gegliedert werden. Ein Geschäftsfeld ist einfach gesagt eine Produkt-/Markteinheit mit klar definierten Kunden und Konkurrenten – wenn sie nach Produkten und Kundengruppen definiert wurde. Sie kann aber auch eine Technologieeinheit oder eine Einheit bezüglich Absatzkanäle sein. Und mit einer von der Konkurrenz unterschiedlichen Segmentierung können die Spielregeln des Marktes auf den Kopf gestellt werden.

Bei der Beschreibung muss nun das führende Gliederungselement hervorgehoben werden, und weiter müssen die Ausprägungen in den anderen Dimensionen beschrieben werden, die da sind: Kundengruppen, Kundenbedürfnis, Produkte, Absatzkanäle, Regionen, Technologien.

Die Beschreibung ist eine einfache Übersicht, die die wichtigsten Eigenschaften und Zahlen eines Geschäftsfeldes zusammenfasst:

1. Charakteristik des Geschäftsfeldes:
   a. Kurze und prägnante Beschreibung in ein bis zwei Sätzen. Festhalten des ersten Gliederungselementes.
2. Kundengruppen bzw. Marktsegmente:
   a. Welches sind die Zielmärkte; für wen schaffen wir einen Nutzen
3. Kundenproblem:
   a. Zu befriedigende Kundenbedürfnisse; was ist das lösungsunabhängige Kundenproblem? Welche Probleme wollen wir in Zukunft lösen? Welche Angebote werden dadurch abgelöst? Wo sind wir besser als der Wettbewerber? Siehe dazu auch Whitepaper Kundennutzen
4. Marktvolumen und Marktdefinition:
   a. wir gross ist das Gesamtvolumen in Einheiten oder Geldbeträgen. Wo befinden sich die Märkte, welche Regionen werden abgedeckt.
5. Produktgruppen und Dienstleistungen:
   a. Welche Produkte und Lösungsvorschläge werden angeboten.
6. Technologien:
   a. Welche Technologien werden eingesetzt, welches sind Kernkompetenzen, welches sind zukünftige Technologien
7. Absatzkanäle:

a. Über welche Absatzkanäle und Vertriebswege werden die Kunden bedient. Wer sind die Absatzmittler.
8. Wettbewerber und deren Marktanteile:
      a. Welches sind die Hauptwettbewerber. Welcher Marktanteil kann ihnen zugeordnet werden.

> *Download Whitepaper Geschäftsfeldbeschreibung*
> *https://www.strategy.app/whitepaper_geschaeftsfeldbeschreibung*

eBMC

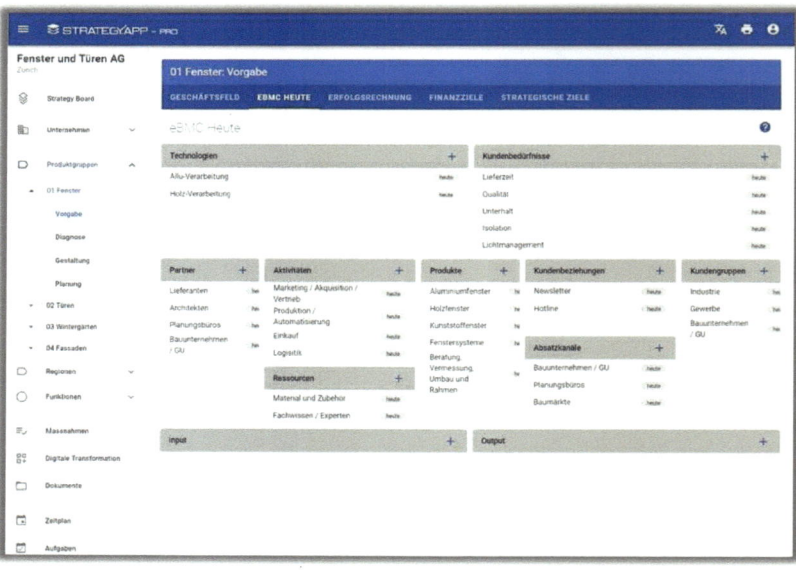

Abbildung 15: Beschreibung der Geschäftsfelder mit der eBMC

Alternativ können die Geschäftsfelder auch mit der eBMC, der erweiterten Business Model Canvas beschrieben werden. Es ist nicht notwendig, beide auszufüllen, da im Wesentlichen der gleiche Inhalt festgehalten wird.

Aber wenn Sie schon eine BMC (Business Model Canvas) haben, können Sie diese leichter in die alternative Vorlage übertragen. Es sind dann nur noch die beiden Aspekte Schlüsseltechnologien und Kundenproblem zu ergänzen.

Diese Instrumente bildet die Basis, um in der Phase zwei, der Gestaltungsphase, die strategischen Optionen zu kreieren und auszuformulieren. Dabei bleibt offen, die ursprünglichen Geschäftsmodelle verändert werden oder ob auch neue Geschäftseinheiten geschaffen werden.

Download Whitepaper eBMC
https://www.strategy.app/whitepaper_ebmc

INSTRUMENTE DIAGNOSE

- Trendanalysen
- ABC-Analyse
- Substitutionskurve
- Erfahrungskurve
- Finanzanalyse
- Wettbewerberanalyse
- Value Proposition
- Portfolio-Analyse
- SWOT
- Herausforderungen

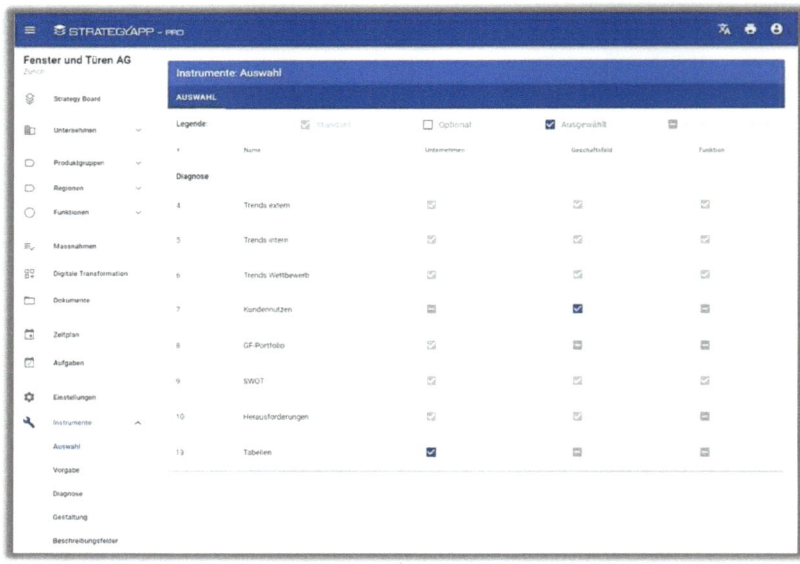

Abbildung 16: Auswahl von Instrumenten für die Diagnose

Trendanalysen

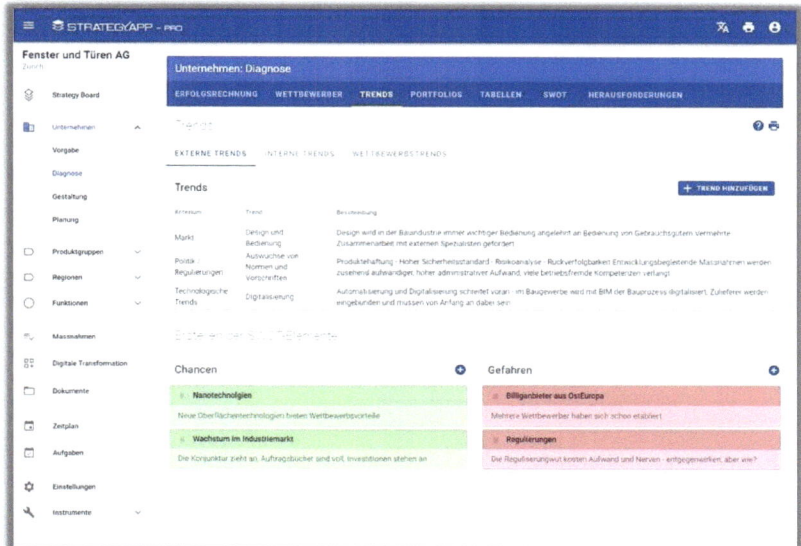

Abbildung 17: Trendanalysen mit der STRATEGY.APP

Funktion und Anwendung:

Mit den Trends untersuchen und beschreiben wir alle Entwicklungen, die für die Zukunftsgestaltung des Unternehmens relevant sind. Wir unterteilen die Trends in

- Externe Trends
    - Trend im Umfeld, die für das Unternehmen strategisch relevant sind
- Interne Trends
    - Entwicklungen innerhalb des Unternehmens, die strategisch relevant sind
- Wettbewerbstrends
    - Entwicklungen und Gegebenheiten im Wettbewerbsumfeld, die auf das Unternehmen einwirken

Im Detail geht es darum, aus Sicht des Marktes und des Kunden die eigenen Leistungen, Ergebnisse und auch die Potenziale mit jenen der stärksten Konkurrenten zu vergleichen. Im Zentrum steht dabei die Ermittlung der eigenen Stärken und Schwächen im Vergleich mit den Hauptkonkurrenten sowie die

Ermittlung von Chancen und Gefahren für die Entwicklung des Unternehmens. Wir legen Analysethemen fest, für die die Entwicklung beschrieben und qualitativ bewertet wird. Das können bei externen Trends die wirtschaftliche Entwicklung, das politische Umfeld sowie demographische Aspekte sein. Wo es notwendig oder sinnvoll erscheint, werden Sofortmassnahmen abgeleitet, die, wie es der Name sagt, zur sofortigen Umsetzung vorgelegt werden.

Trends extern

Mit diesem Instrument werden alle erkennbaren Entwicklungen erfasst und beschrieben, die das Umfeld und vor allem den Zielmarkt über den strategischen Planungszeitraum beeinflussen können. Im Zentrum steht dabei die Ermittlung von Chancen und Gefahren für die Entwicklung des Unternehmens, auch im Vergleich mit den Hauptkonkurrenten. Aus diesen Trends werden Chancen und Gefahren abgeleitet, die dann in die SWOT einfliessen.

Trends intern

Die internen Trends beziehen sich auf die Entwicklungen und Situationen innerhalb des Unternehmens, die für den strategischen Planungszeitraum relevant sind. Im Fokus stehen hier die Stärken und Schwächen des Unternehmens, auch im Vergleich mit den Hauptkonkurrenten. Die abgeleiteten Stärken und Schwächen werden von der SWOT aufgenommen.

Wettbewerbs-Trends

Hier führen wir die Entwicklungen auf, die sich spezifisch auf die Hauptwettbewerber beziehen. Diese können in Stärken, Schwächen, Chancen und Gefahren resultieren, die in der SWOT zusammengefasst werden.

Die Trends können auf der Unternehmensebene und auf der Geschäftsfeldebene analysiert werden.

| Empfehlung: Legen sie pro Gruppe nicht mehr als 3 Ausprägungen fest.

ABC-Analyse

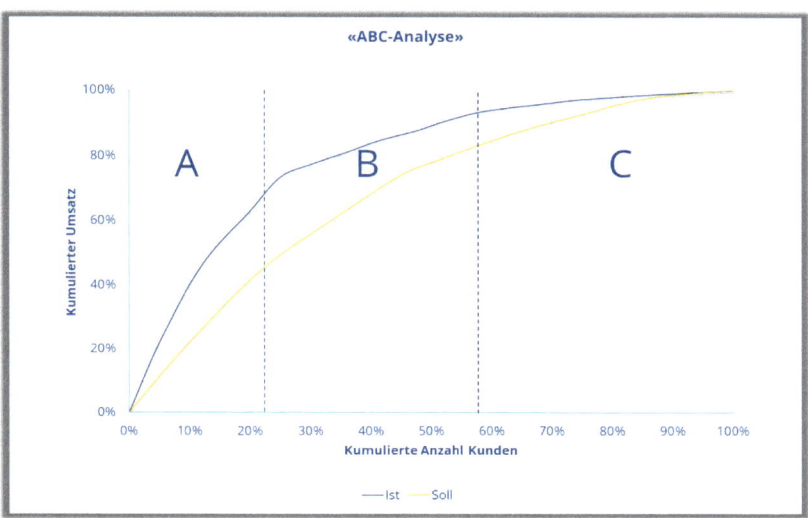

Abbildung 18: ABC-Analyse mit drei klar unterscheidbaren Segmenten

Funktion und Anwendung

Mit Hilfe der ABC-Analyse wird für bestimmte Elemente (z. B. Produkte, Kunden, Lieferanten) das Verhältnis von Aufwand (Zeit, Ressourcen) zum Ergebnis (Output, Gewinn) dargestellt. Dabei erfolgt eine Einteilung der Elemente in die drei Klassen A, B, und C. Die Ergebnisse werden nach absteigender Grösse geordnet.

In der Klasse A wird ein hoher Anteil der Ergebnisse mit einem kleinen Anteil der Mittel erzielt. In der Klasse C ist es genau umgekehrt. Damit lässt sich z. B. zeigen, welche Produkte am stärksten am Umsatz oder am Deckungsbeitrag beteiligt sind (Klasse A) und welche am wenigsten dazu beitragen (Klasse C).

Die ABC-Analyse ist das Standardinstrument für Komplexitätsmanagement. Sie gibt Hinweise, wo Komplexität im Unternehmen reduziert werden kann. Die ABC-Analyse basiert auf dem nach dem italienischen Ökonomen Vilfredo Pareto benannten Pareto-Prinzip, welches besagt, dass häufig rund 80% der Ergebnisse durch nur etwa 20% des Aufwands erreicht werden. Die Darstellung der ABC-Analyse erfolgt anhand der Lorenz-Kurve. Diese zeigt einen steilen Anstieg der Kurve auf der linken Seite, wo die A-Klasse aufgeführt wird, und eine starke Abflachung im rechten C-Bereich.

Vorgehen

Schritt 1   Ausgangslage beschreiben

- Um was geht es?
- Wieso wird die Analyse durchgeführt?"

Schritt 2   Analyseziel festlegen

- Welche Ziele verfolgt man mit der Analyse?

Schritt 3   Daten beschaffen

- X-Werte
- Y-Werte

Schritt 4   Datenreihen ordnen

- Daten aufgrund Y-Werten absteigend sortieren.

Schritt 5   Anteile berechnen

- Prozentualer Anteil der Objekte an der Summer aller Y-Werte berechnen.
- Prozentualer Anteil der Objekte an der Summer aller X-Werte berechnen."

Schritt 6   Anteile kumulieren

- Die prozentualen Y-Werte kumulieren.
- Die prozentualen X-Werte kumulieren.

Schritt 7   Diagramm erstellen

- Datenbasis: Kumulierte prozentualen Y- und X-Werte
- Diagramm-Typ: Scatter (XY)
- Maximalwerte der X- und Y-Achse: 100%
- Einteilung vornehmen   Einteilung in A-, B- und C-Objekte aufgrund von Behandlungskriterien.

Schritt 8   Resultate interpretieren

- Relative Bedeutung der Objektgruppen A, B, C nach Ihrer Bedeutung beurteilen.

Schritt 9   Massnahmen festlegen

- Optimierungsmassnahmen pro Objektgruppe A, B und C erarbeiten.

Schritt 10   Ergebnis beurteilen

- Simulation der Massnahmen.
- Beurteilung der Wirkung.
- Berücksichtigung von Nebeneffekten, Abhängigkeiten und qualitativen Aspekten.

Download Whitepaper ABC-Analyse
https://www.strategy.app/whitepaper_abcanalyse

Substitutionskurve

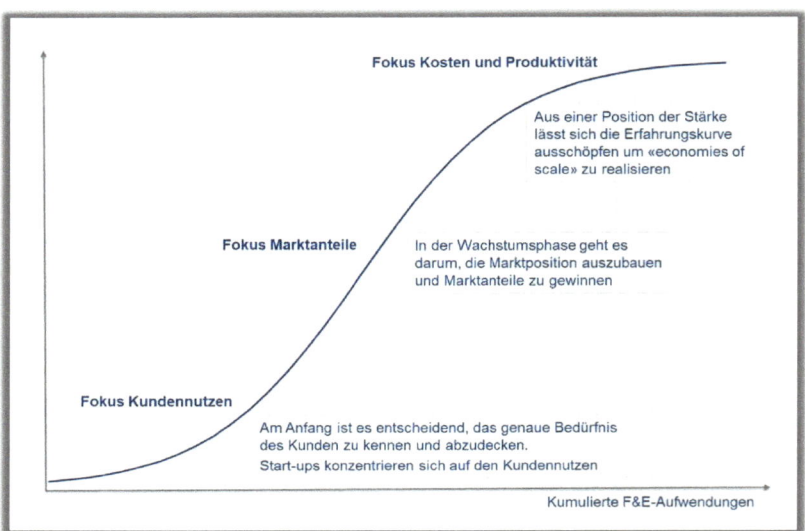

Abbildung 19: Die S-Kurve und der strategische Fokus je nach Abschnitt

Funktion und Anwendung

Mit der S-Kurven-Analyse lassen sich Entwicklungen von Märkten und die Ausbreitung von Produkten grob in drei Phasen unterteilen:

- die Startup-Phase,
- die Wachstumsphase und
- die Sättigungsphase.

Die strategischen Erfolgsfaktoren sind je Phase unterschiedlich: in der Startup-Phase ist es der Kundennutzen, in der Wachstumsphase der Marktanteil und in der Sättigungsphase sind es die Kosten. Das S-Kurven-Konzept findet seine beste Anwendung bei der Substitution von Produkten oder Technologien. Auf der Ebene der Produkte wird ein bestehendes Produkt von einem neuen Produkt meist auf Basis einer neuen Technologie substituiert.

Die Substitutionskurve kommt als strategisches Instrument auf drei Ebenen zur Anwendung. Sie dient dazu:

1. den optimalen Zeitpunkt für den Einstieg in einen neuen Markt zu finden (oder den Ausstieg)
2. Die Wachstumsraten in wachsenden Märkten gegenüber dem Markt und dem Wettbewerber festzulegen
3. Den Übergang in einen Preis- d. h. Kostenmarkt zu planen und damit die Kostenposition auszuschöpfen oder den Ausstieg zu wählen

In der strategischen Analyse werden die Positionen im Lebenszyklus eines Produktes oder einer Technologie bestimmt. Bei Start-up-Projekten werden die Überlebenschancen gegenüber dem zu ersetzenden Produkt analysiert. Für wachsende und reife Märkte kann der Übergang vom Qualitätsmarkt zum Preismarkt vorherbestimmt werden.

Vorgehen

Schritt 1   Festlegung des Untersuchungsobjektes

Schritt 2   Bestimmung des Ausbreitungstyps

Schritt 3   Festlegung der Indikatoren

Schritt 4   Datenerhebung, Sichtung des Datenmaterials

Schritt 5   Kurvenanpassung

Schritt 6   Beurteilung der Ergebnisse

Schritt 7   Ableitung der Konsequenzen

Erfahrungskurve

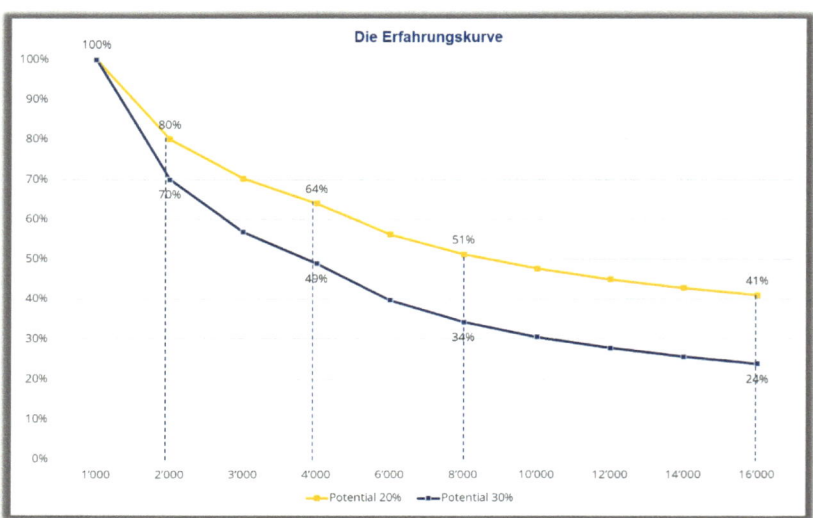

Abbildung 20: Die Erfahrungskurve - Kostensenkung durch Economies of Scale

Funktion und Anwendung

Die Erfahrungskurve besagt, dass sich bei jeder Verdoppelung der kumulierten Menge (Erfahrung) ein Kostensenkungspotenzial der Stückkosten oder der Serviceleistungen um 20 – 30% ergibt. Die Beziehung zwischen Produktionsmenge und Kosten ist dabei ein Potenzial. Der vom Mengenwachstum abgeleitete Kostenrückgang stellt sich nicht von allein ein. Es ist Aufgabe der Unternehmensführung, das Potenzial zu erkennen und zu realisieren.

Das Unternehmen mit dem höchsten Marktanteil hat somit die potenziell niedrigsten Stückzahlkosten. Folglich sind Marktanteile stets bestimmend für die Erfolgspotenziale. Die Wirkung der Erfahrungskurve ist besonders hoch in der ersten Hälfte des Lebenszyklus eines Produkts.

Die Gesetzmässigkeiten, die durch die Erfahrungskurve aufgezeigt werden, sind von weitreichender Bedeutung für das strategische Management. Die Erfahrungskurve zeigt die grosse Bedeutung der Rolle der Marktanteile auf. Sie hat gemäss Gälweiler eine ähnlich grundlegende Wichtigkeit für die strategische Unternehmensführung wie die Bilanz für die Erfolgssteuerung.

Eine detaillierte Beschreibung finden Sie im ersten Band: Grundlagen der Strategieentwicklung (Strategische Gesetzmässigkeiten).

Vorgehen

Schritt 1	Festlegen des Produktes oder der Dienstleistung, die untersucht werden
Schritt 2	Definition der Einheit und der Basis, auf der die Kosten für den Vergleich festgelegt werden sollen
Schritt 3	Datensammlung und Festlegen des Zeitpunkts für den Start der Zeitreihe
Schritt 4	Schritt 4: Festlegen des Deflators
Schritt 5	Schritt 5: Eintragen der Daten in die Zeitreihe und Vergleich mit der theoretischen Erfahrungskurve
Schritt 6	Schritt 6: Vergleich mit den Konkurrenten – direkter Vergleich oder Vergleich über den Marktanteil
Schritt 7	Schritt 7: Erarbeiten der strategischen Lücke
Schritt 8	Schritt 8: Ableiten der Normstrategien

Digital Transformation Canvas

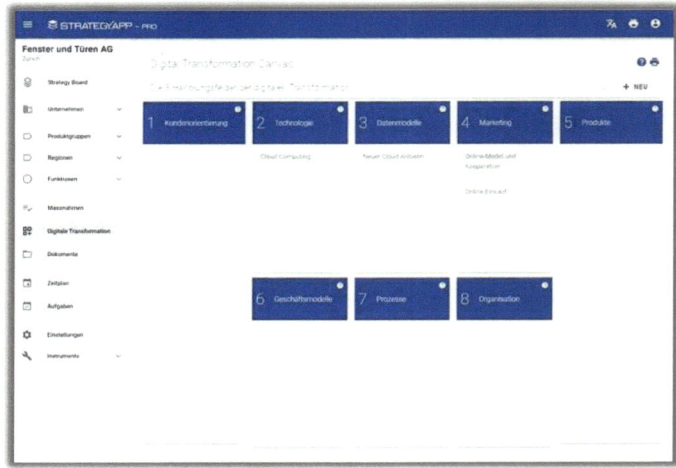

Abbildung 21: Die Digital Transformation Canvas

Die 8 Handlungsfelder der Transformation

Als Leitfaden für die digitale Transformation dient die "Digital Transformation Canvas - DTC". Auf 8 Feldern stellen wir die Situation heute und die Ziele morgen dar. Es geht dabei um

- Die Kundenorientierung
- Den Einsatz neuer Technologien
- Intelligente Datenmodelle
- Digitales Marketing
- Neue Produkte
- Digitale Geschäftsmodelle
- Digitalisierte Prozesse
- Führung und Organisation

Die DTC stellen wir auf der STRATEGY.APP® kostenlos zur Verfügung. Siehe auch https://www.strategy.app/desk_dtc

Finanzanalyse

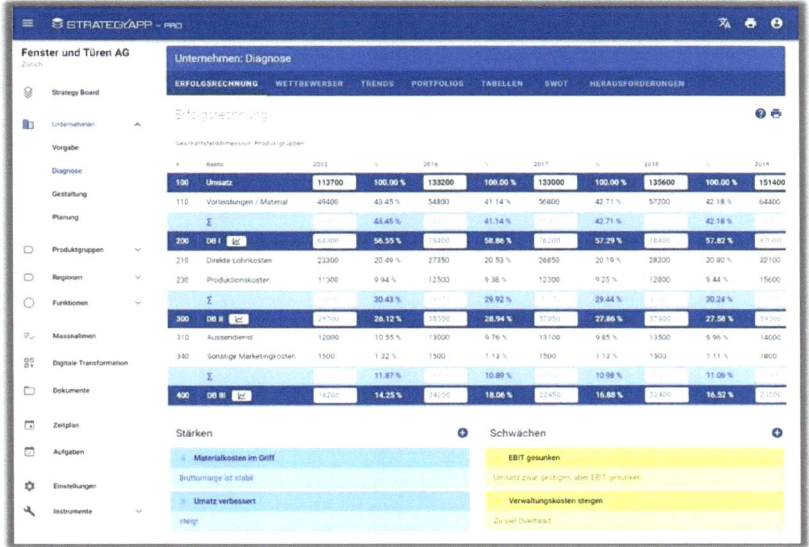

Abbildung 22: Finanzanalyse anhand der Erfolgsrechnung

Funktion und Anwendung

Die Finanzanalyse wird unterteilt in die Analyse der Gewinn- und Verlustrechnung (G&V) und die Bilanzanalyse. Zumindest die G&V-Analyse wird für die einzelnen Geschäftsfelder dargestellt. Die Bilanz kann auf die Geschäftsfelder aufgeteilt werden, ist aber damit nicht immer aussagekräftig, weil es manchmal nicht möglich ist, die Kennzahlen auf alle Geschäftsfelder aufzuschlüsseln. Deshalb wird die Bilanz meist auf Unternehmensebene dargestellt und analysiert. Für die G&V-Analyse wird die zeitliche Entwicklung bestimmter Kennzahlen über die letzten 5 – 6 Jahre ausgewiesen. Dies ermöglicht eine Beurteilung der Entwicklung, und der Vergleich mit der Konkurrenz oder Firmen aus anderen Branchen trägt dazu bei, Schwachstellen aufzudecken und Handlungsfelder sowie Zielsetzungen abzuleiten.

Vorgehen

Schritt 1   Festlegen der Geschäftsfelder (siehe Geschäftsfeldgliederung)

Schritt 2   Zuordnung der absoluten Kennzahlen über die letzten 3 – 5 Jahre (Umsatz, Deckungsbeiträge, EBIT, Produktivität (Umsatz pro Mitarbeiter), Kosten

Schritt 3   Zuordnung der Kennzahlen wie ROS, ROCE, Deckungsbeiträge in %

Schritt 4   Visualisieren der Ergebnisse in Charts

Schritt 5   Vergleich der Ergebnisse untereinander, mit der Konkurrenz und mit den Vorgaben

Schritt 6   Ableiten von Stärken und Schwächen für die SWOT

Wettbewerberanalyse

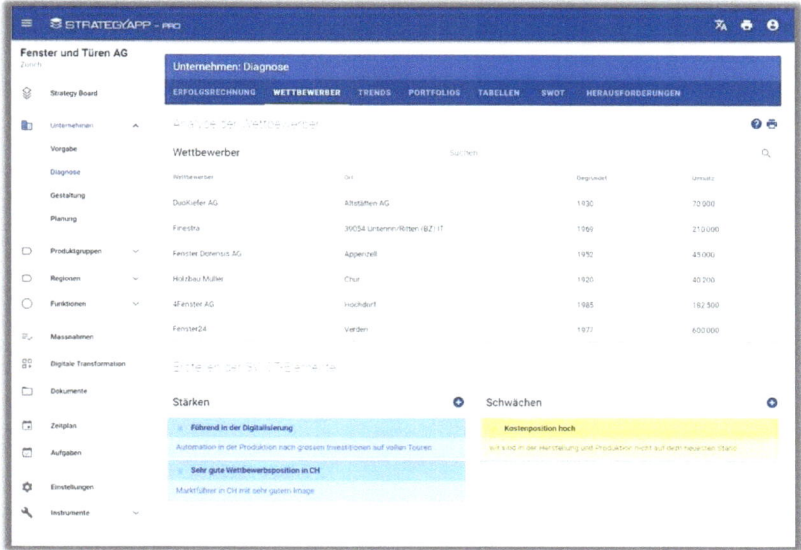

Abbildung 23: Wettbewerbsanalyse mit abgeleiteten Stärken und Schwächen

Funktion und Anwendung

Die Wettbewerberanalyse ist eines der tragenden Elemente der Strategieerarbeitung. Dabei geht es stets darum, den relativen Vorteil im Vergleich mit den Wettbewerbern herauszuarbeiten. Dazu ist die Kenntnis der Hauptkonkurrenten, von deren Stärken und Schwächen und deren Geschäftsstrategie unerlässlich. In dem hier beschriebenen Vorgehen werden die wesentlichen Kriterien zu einem Steckbrief zusammengefasst. Dieser wird vor allem im praktischen Geschäft eingesetzt. Die Schlussfolgerungen sollte jeder Verkäufer jederzeit «auswendig» darlegen können.

Zusätzliche Kenntnisse der Konkurrenten liefern weitere Instrumente wie z. B. die Value Proposition.

Vorgehen

Schritt 1   Ermittlung der Hauptkonkurrenten:
    Die Untersuchung beginnt mit der Identifizierung der für das eigene

Unternehmen strategisch wichtigen Hauptkonkurrenten. Erfasst werden gegenwärtige und zukünftige Konkurrenten. Die Analyse ist auf die bedeutendsten Wettbewerber zu fokussieren. Als zentrale Kriterien dienen die Ähnlichkeit der Kundenbedürfnisse sowie der Kundengruppen (Potenzielle Konkurrenten – Markteintrittsbarrieren).

Schritt 2   Erstellen der Kerndaten:
Für jeden Konkurrenten wird ein Profil mit den Kerndaten erstellt. Aufgenommen werden die folgenden Angaben: Unternehmensname, Firmensitz, Gründungsjahr, Umsatz, Anzahl der Mitarbeiter sowie die Bezeichnung der Produktion. Logo und Teaserbild runden als visuelle Zeichen die Kerndaten ab.

Schritt 3   Zusammentragen der Schlüsseldaten:
Für die wichtigsten Analysebereiche werden systematisch die Schlüsseldaten zusammengetragen. Für die Erstellung der Wettbewerberprofile werden die nachfolgend aufgeführten 10 Bereiche untersucht. Dabei ist darauf zu achten, dass die zugänglichen Quellen möglichst umfassend berücksichtigt werden:

- Besitzstruktur
- Finanzen
- Grundstrategie
- Kunden
- Verkaufs- und Marketingkonzept
- Produkt- und Dienstleistungsportfolio
- Kernkompetenzen
- Herstellungs- und Produktionskonzept
- Kosten- und Preisposition
- Technologieposition

Die vollständigen Unterlagen und Anleitung können Sie hier herunterladen:

Download Whitepaper Wettbewerbsanalyse:
https://www.strategy.app/whitepaper_wettbewerber

Value Proposition

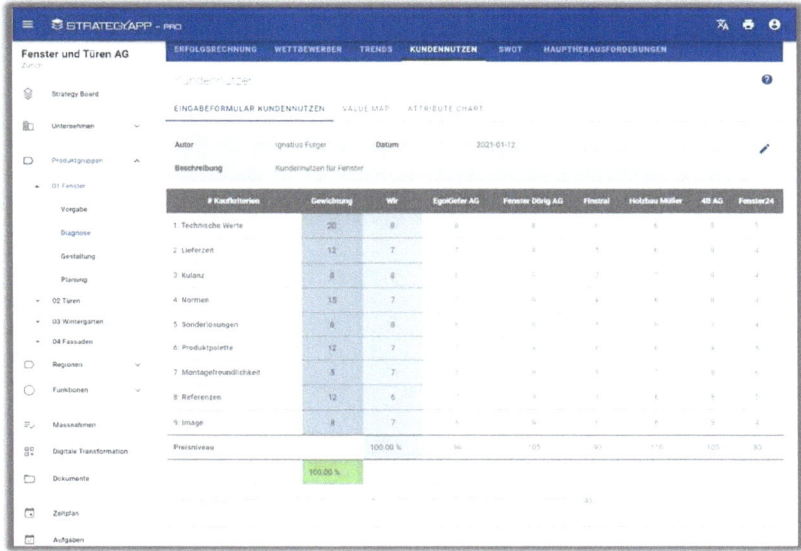

Abbildung 24: Kundennutzenanalyse - erfassen der Kaufkriterien und Bewertung

Funktion und Anwendung

Die «Value Proposition» ist das Verhältnis von relativem Preis zum Wertangebot eines Produktes oder einer Dienstleistung und umfasst alle Einflussgrössen, die auf die Kaufentscheidung eines Kunden einwirken. Dabei ist der relative Preis der eigene Preis im Vergleich zu dem der wichtigsten Konkurrenten. Die «Value Proposition» ist didaktisch wohl das beste Instrument, um die Mitarbeiter und das Unternehmen in seinen Tätigkeiten auf den Kundennutzen auszurichten und zu fokussieren. Mit diesem Werkzeug kann herausgearbeitet werden, wo wir uns differenzieren müssen, damit der Kunde sein Geld bei uns und nicht beim Konkurrenten auf den Tisch legt.

Vorgehen

Schritt 1 Segmentierung festlegen: In welchem Markt sind wir, wer sind unsere Kunden, wer sind unsere Konkurrenten?

Schritt 2   Ansprechpartner definieren: Wer beeinflusst die Kaufentscheidung, wer bewertet unser Angebot?

Schritt 3   Schritt Produkt- und servicebezogene Attribute definieren: Welche Anforderungen stellt der Kunde an das Angebot?

Schritt 4   Attribute gewichten: Was sind bedeutende und weniger bedeutende Attribute?

Schritt 5   Attribute aus Kundensicht bewerten: Inwieweit erfüllen wir die Anforderungen der Kunden?

Schritt 6   Bewertung der Konkurrenten: Inwieweit erfüllen unsere Konkurrenten die Anforderungen der Kunden?

Schritt 7   Preisposition festlegen: Welches ist die Preisposition im Verhältnis zur Konkurrenz?

Schritt 8   Preis / Werte des Marktes: Inwieweit beeinflussen Werte und Preis den Kaufentscheid?

Die vollständigen Unterlagen und Anleitung können Sie hier herunterladen:

Download Whitepaper Kundennutzenanalyse:
https://www.strategy.app/whitepaper_kundennutzen

Portfolio-Analyse

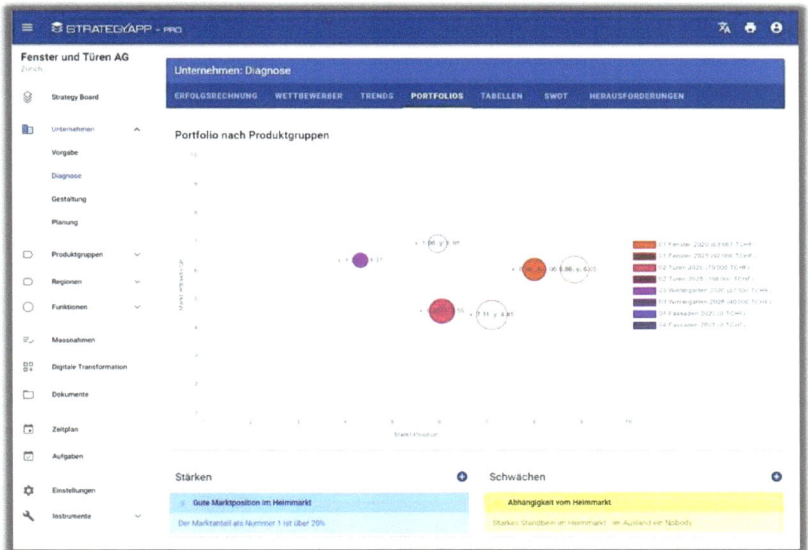

Abbildung 25: Portfolio der strategischen Geschäftsfelder

Funktion und Anwendung

Die Portfolio-Analyse nutzt die Dimensionen Marktattraktivität und relative Marktposition zur Beurteilung von Geschäften und als Basis für strategische Entscheidungen. Das Tool dient der Visualisierung von Stärken und Schwächen sowie von Chancen und Risiken. Dabei können vier Grundtypen von strategischen Geschäftsfeldern unterschieden werden: Question Marks, Stars, Cash Cows und Dogs. Für jedes Feld lassen sich Normstrategien festlegen.

Zur Beurteilung der Dimensionen Marktattraktivität und Marktposition wird eine Vielzahl von Faktoren herangezogen, die nicht fest vorgegeben sind, sondern für das jeweiligen Geschäft und den Markt diskutiert und festgelegt werden müssen.

Vorgehen

Schritt 1   Definition der strategischen Geschäftseinheiten: Die SGF werden festgelegt. Siehe dazu auch das Tool Geschäftsfeldsegmentierung.

Schritt 2   Beschreibung der Geschäftsfelder: Genaue Charakterisierung der strategischen Geschäftseinheiten. Diese enthält insbesondere Angaben zu Umsatz und Marktanteil und zeigt auf, was eine Geschäftseinheit auszeichnet.

Schritt 3   Definition der Kriterien für Marktattraktivität: Die Kriterien für die Bewertung der Marktattraktivität werden diskutiert definiert und mit einer Werteskala versehen.

Schritt 4   Definition der Kriterien für die Marktposition: Die Kriterien für die Bewertung der Marktposition werden diskutiert, definiert und mit einer Werteskala versehen.

Schritt 5   Bewertung der Marktattraktivität für jedes Geschäftsfeld: Die Marktattraktivität aller Geschäftsfelder wird anhand der Kriterien bewertet. Eine kurze Beschreibung der Diskussion hilft bei späterem Gebrauch oder bei einer Überarbeitung.

Schritt 6   Bewertung der Marktposition für jedes Geschäftsfeld: Desgleichen wird die Marktposition aller Geschäftsfelder anhand der Kriterien bewertet. Eine kurze Beschreibung der Diskussion hilft bei späterem Gebrauch oder bei einer Überarbeitung.

Schritt 7   Berechnen des Portfolios: Zur Berechnung des Portfolios steht Ihnen ein Excel-Werkzeug zur Verfügung. Das Resultat zeigt auf einen Blick die strategischen Positionen der einzelnen Geschäftsfelder auf, von den Question Marks über die Stars und Cash Cows bis zu den Poor Dogs.

Schritt 8   Ableiten der Normstrategien: Anhand der Portfolio-Analyse lassen sich die Normstrategien ableiten.

> *Download Whitepaper Portfolioanalyse*
> *https://www.strategy.app/whitepaper_portfolioanalyse*

SWOT

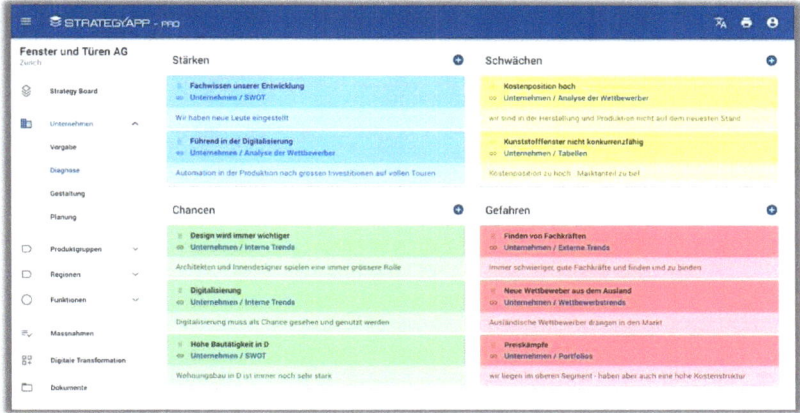

Abbildung 26: Die SWOT als Ergebnis der Diagnose

Funktion und Anwendung

Eine Strategie kann von den gegebenen oder erwarteten Entwicklungen des Umfelds bzw. der Konkurrenz profitieren (Chancen), aber auch beeinträchtigt werden (Gefahren). Sie sollte auf den Stärken aufsetzen und mögliche Schwächen kompensieren.

In diesem Arbeitsschritt werden alle wesentlichen Faktoren zusammengefasst, welche in den Analysen (Umfeld, Konkurrenz, Unternehmen und Kunden) eruiert wurden. Als Ergebnis erhalten wir eine aggregierte Zusammenfassung der Beurteilung der Ausgangssituation, mit der sich das Unternehmen konfrontiert sieht. Daraus lassen sich einerseits die strategischen Hauptherausforderungen ableiten, indem wir die SWOT übers Kreuz legen, andererseits gibt die erweiterte SWOT Hinweise für strategische Stossrichtungen.

Download Whitepaper SWOT-GAP-Analyse:
https://www.strategy.app/whitepaper_swot_gap

Herausforderungen

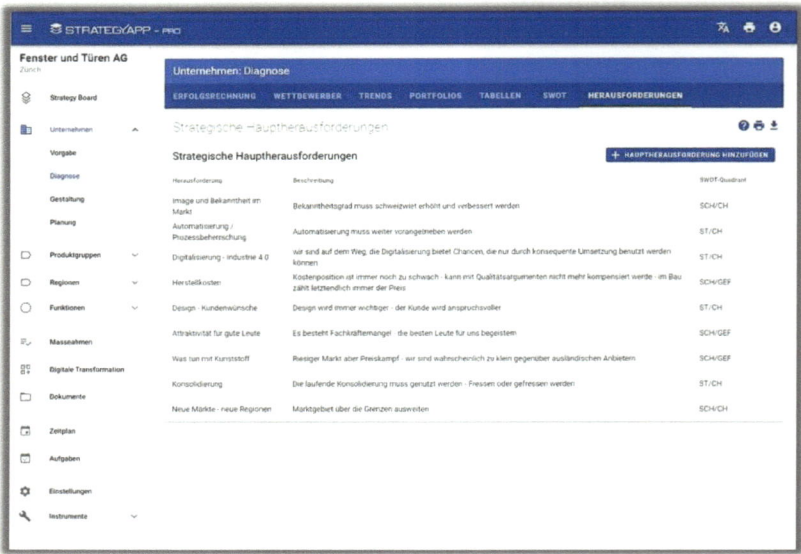

Abbildung 27: Strategische herausforderungen, abgeleitet aus der SWOT

Funktion und Anwendung

Ein entscheidender Schritt am Ende der strategischen Analyse ist die Ableitung der strategischen Hauptherausforderungen aus der SWOT.

Schritt 1 Übers Kreuz legen: Dazu legen wir die SWOT übers Kreuz – und zwar wie folgt: Sämtliche SWOT-Faktoren werden neu auf ein Chart mit den Achsen Stärken / Schwächen und Gefahren / Chancen übertragen. Die SWOT-Ergebnisse werden in gemeinsamer Diskussion gemäss ihrer Gewichtung ausgerichtet.

Schritt 2 Gruppieren der SWOT-Elemente zu Clustern: Die SWOT-Elemente werden aufgrund der Nähe ihrer Werte (ähnliche Themen, ineinandergreifende Entwicklungen) zu Clustern gruppiert und nummeriert. Damit bilden sie die Grundlage für die Ableitung der wichtigsten strategischen Herausforderungen.

Schritt 3 Ableitung der Hauptherausforderungen aus den vier Quadranten: Von jedem Quadranten des Charts werden die strategischen Schlüsselherausforderungen abgeleitet. Die Anzahl der Herausforderungen sollte zwischen 8 und 12 Positionen umfassen.

Schritt 4 Beschreibung und Diskussion der Hauptherausforderungen: Die Herausforderungen werden weiter diskutiert, präzisiert und in knapper Form zusätzlich charakterisiert. Die strategischen Hauptherausforderungen sind die Messlatte, an der die entstehende Strategie am Ende der Gestaltungsphase gemessen wird, bevor diese zur detaillierten Ausarbeitung und zur Umsetzung freigegeben wird.

INSTRUMENTE GESTALTUNG

- Marktplatz
- Adjacencies
- eBMC
- StrategyBoard
- Stossrichtungen
- Roadmap

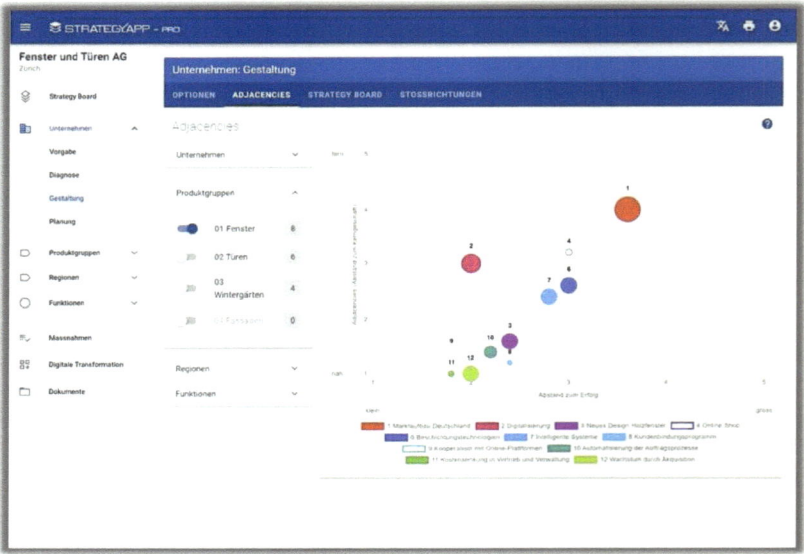

Abbildung 28: Gestaltung mit Unternehmensstrategie mit Optionen

Marktplatz

Abbildung 29: Ideensammlung für strategische Optionen aus dem Marktplatz

Funktion und Anwendung

Der Marktplatz ist ein Instrument aus der sogenannten Syntegration, die Stafford Beer entwickelt hat und die heute von diversen Beratungsunternehmen eingesetzt wird. Wir setzen den Marktplatz ganz am Anfang der Gestaltungsphase für die Entwicklung der strategischen Optionen ein – in einem meist ganztägigen Workshop unter Beteiligung des gesamten Teams.

Zum Auftakt werden Ideen auf Karten gesammelt, meist nur anhand einzelner Stichworte (das klassische Kartenkleben, das Sie alle kennen). Am Schluss verfügen wir über konkret ausformulierte Optionen, die nicht nur auf einem Flipchart festgehalten sind, sondern dazu die Zustimmung mehrerer Teilnehmer erhalten haben. Diskussionen tragen dazu bei, dass sich die Ideen in den Köpfen der Mitarbeiter einprägen und so zu einem gemeinsamen Gut werden.

Das Vorgehen macht Spass, lässt den Teilnehmern viel Freiraum und bringt die besten Ideen der Organisation aufs Papier und in die Köpfe der Teilnehmer.

Vorgehen

Schritt 1   Brainstorming: Ideen und Optionen werden von den Teilnehmern auf Karten geschrieben und diese an Pinnwänden oder direkt an einer grossen Wand angeheftet. Die Karten werden gemischt, d. h. ungeordnet präsentiert.

Schritt 2   Die Teilnehmer stellen kurz ihre Ideen vor und erläutern den Hintergrund jeder Karte.

Schritt 3   Im Raum wird für genügend Platz gesorgt – alle Tische werden an die Wand geschoben, und der Marktplatz wird eingerichtet. Pro 3 – 4 Teammitglieder wird ein Flipchart aufgestellt. Für ein Team von 15 Mitgliedern werden somit 3 – 4 Flipcharts im Raum platziert. Auf jedem Flipchart sind ca. 15 – 20 Blätter vorbereitet, damit diese direkt ausgefüllt werden können.

Schritt 4   Nun hat jedes Teammitglied die Aufgabe, seine Ideen auf einem Flipchart zu konkretisieren, mit den Kollegen zu diskutieren und sie ihnen zu erläutern. Die Karten aus dem Brainstorming werden nicht weggenommen, sondern bleiben an ihrem Ort.

Schritt 5   Sobald eine Idee oder Option die Unterschriften von mindestens 3 Personen erhalten hat, wird diese vom Flipchart entfernt und an der Wand des Raumes der Reihe nach angeheftet.

Schritt 6   Die auf den Flipcharts aufgeführten Optionen werden von den «Eigentümern» präsentiert und nochmal erläutert.

Schritt 7   Die nach innen gerichteten Optionen werden aussortiert und kommen in den Themenspeicher

Das Ergebnis ist strategische Optionen, die einerseits beschrieben und visualisiert sind, sich aber andererseits auch in den Köpfen der Teilnehmer zu konkretisieren beginnen – und dies ist der weitaus wichtigste Effekt des ganzen Vorgehens.

> *Download Whitepaper Marktplatz:*
> *https://www.strategy.app/whitepaper_marktplatz*

Adjacencies

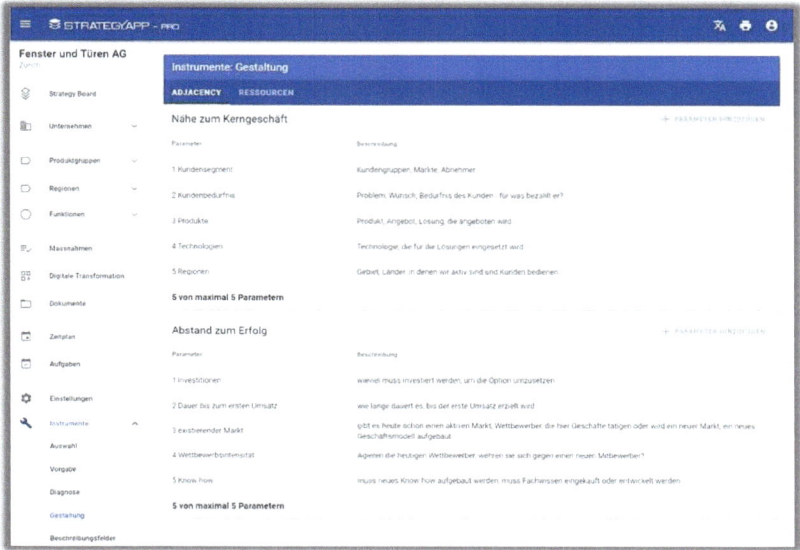

Abbildung 30: Bewertung der strategischen Optionen mit der Adjacencies-Methode

Funktion und Anwendung

Die Adjacencies-Methode beruht auf der gleichen Philosophie wie die Ansoff-Matrix, benutzt aber mehrere Dimensionen. Während die Ansoff-Matrix mit den Dimensionen Produkt und Markt arbeitet, kommen bei der Adjacencies-Methode die Dimensionen Technologie, Absatzkanal, Regionen, Wertschöpfungskette (Vorwärts- und Rückwärtsintegration), Anwendungen und andere dazu.

Während wir die Ansoff-Matrix eher dazu verwenden, einen Überblick über die Optionen zu erhalten, setzen wir die Adjacency-Methode zuerst einmal ein, um weitere Optionen zu erarbeiten.

Diese Vorlage wird dazu beim Marktplatz verwendet und kann da wertvollen Input für das Brainstorming neuer Ideen geben. Zudem eignet sich dieser Ansatz hervorragend dafür, die Optionen zu bewerten, und zwar nach den Dimensionen:

- Abstand zum Erfolg und Distanz
- zum Kerngeschäft

Beschreibung

Da das Risiko und damit die Wahrscheinlichkeit für einen Misserfolg mit der Distanz zum bestehenden Geschäft grösser werden, gelten folgende Regeln:

- Entwickle neue Geschäfte in benachbarten (anliegend = adjacent) Bereichen
- Entwickle neue Geschäfte nicht gleichzeitig in mehr als einer Dimension (bei Ansoff wäre das die Diversifikation)

Zur Beurteilung der beiden Dimensionen Abstand zum Erfolg und Adjacencies werden mehrere Faktoren herangezogen, die für das jeweilige Geschäft und den Markt gemeinsam diskutiert und festgelegt werden.

Vorgehen

Schritt 8	Definition des Kerngeschäftes
Schritt 9	Festlegen der Dimensionen für die Wachstumsstrategien
Schritt 10	Entwicklung von strategischen Optionen
Schritt 11	Definition der Kriterien für den Abstand zum Erfolg
Schritt 12	Definition der Kriterien für die Adjacencies
Schritt 13	Bewertung des Abstands zum Erfolg für jede strategische Option
Schritt 14	Bewertung der Adjacency für jede strategische Option
Schritt 15	Berechnen des Risiko-Portfolios (automatisch im STRATEGY.APP®)

Download Whitepaper Adjacencies:
https://www.strategy.app/whitepaper_adjacencies

eBMC-morgen

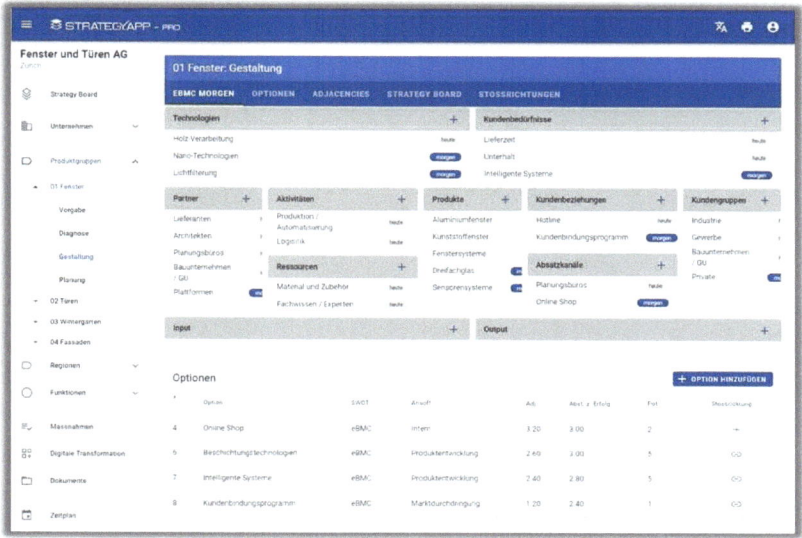

Abbildung 31: Ausbau und Anpassung der Geschäftsmodelle mit eBMC

Funktion und Anwendung

Nach der Ausarbeitung der strategischen Optionen werden diese weiter konkretisiert und daraus die Geschäftsfeldstrategien entwickelt. Die erweiterte Business Model Canvas – eBMC wird eingesetzt, um die Optionen zu bündeln und daraus Geschäftsmodelle zu entwickeln.

Wir versuchen, die entstehenden Geschäftsmodelle den vorhandenen Geschäftsfeldern zuzuordnen; oder wenn das nicht sinnvoll ist, neue Geschäftsfelder zu definieren.

> *Download Whitepaper eBMC:*
> *https://www.strategy.app/whitepaper_adjacencies*

StrategyBoard

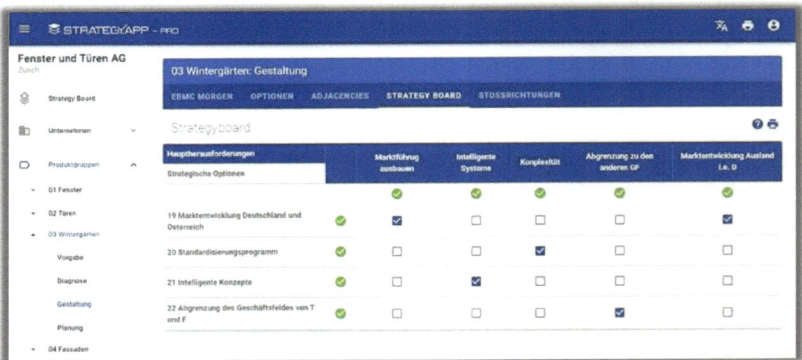

Abbildung 32: Abgleich der Herausforderungen mit den Optionen mit dem StrategyBoard

Funktion und Anwendung

Im StrategyBoard werden die Optionen mit den Hauptherausforderungen, die Sie aus der SWOT abgeleitet haben, abgeglichen. Durch den Abgleich der strategischen Optionen mit den strategischen Herausforderungen wird präzise aufgezeigt, welche strategischen Optionen abgedeckt sind und welche Lücken hier noch bestehen.

Es geht hier um die um die Fragen:

- Wie robust ist Ihre Strategie?
- Deckt Ihre Strategie die wichtigsten Herausforderungen ab?

Gehen Sie mit Ihrem Team Zeile für Zeile durch und machen dort einen Haken, wo Sie glauben, dass die Option die Herausforderung zumindest teilweise beantwortet.

Bleibt eine Spalte leer, bedeutet das, dass Sie auf diese Herausforderung noch keine Antwort haben. Dies wird durch den roten Punkt rechts angezeigt. Sie müssen nochmal zurück und dazu eine Option aufstellen.

Bleibt eine Zeile leer, heisst das, dass Sie eine Option aufgestellt haben, die nicht durch die Herausforderungen nicht begründet ist. Sie können Sie aber trotzdem durchführen, sofern die Ressourcen dazu vorhanden sind - ganz im Sinne "nützt es nichts, schadet es nicht"

> *Download Whitepaper StrategyBoard:*
> *https://www.strategy.app/whitepaper_strategyboard*

Agilität:

Mit einem schlanken und übersichtlichen Strategiekonzept gelingt es, sich jederzeit an neue Rahmenbedingen anzupassen. Laufende Tätigkeiten / Projekte können jederzeit gestoppt werden, ohne grosse Bremsspuren zu hinterlassen. Neue oder pendente Ideen aus dem Themenspeicher sind jederzeit bereit, in Angriff genommen zu werden. Die Kommunikation ist einfach und für das ganze Unternehmen inklusive Stakeholder machbar.

Stossrichtungen

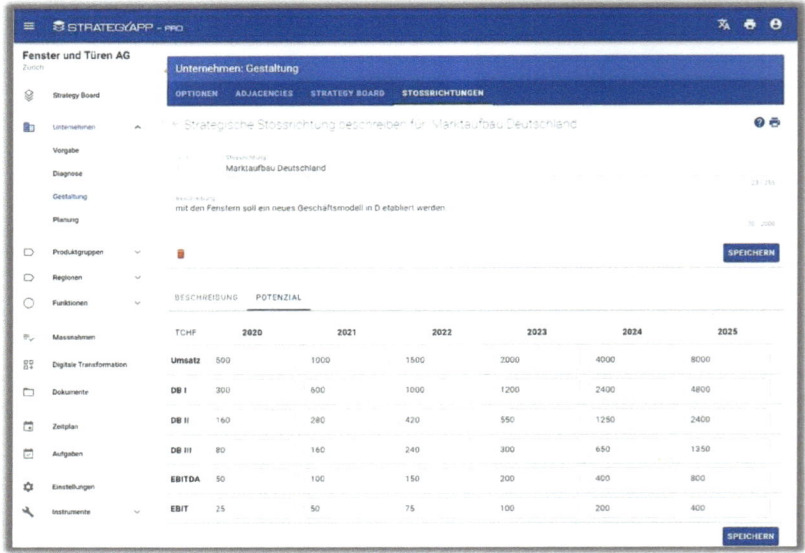

Abbildung 33: Erfassen der Potenziale für die Stossrichtungen

Funktion und Anwendung

Die Stossrichtungen sind ausformulierte und quantifizierte Optionen. Die strategischen Stossrichtungen, die Sie aus den Optionen bestimmt haben, werden hier aufgelistet und können jetzt detailliert beschrieben werden. Zusätzlich geben Sie hier die Potenziale zu jeder Stossrichtung ein. Die Summe dieser Potenziale wird dann mit den Vorgaben abgeglichen.

- Die allgemeine Beschreibung zu Themen wie Regionen, Produkte, Kunden, strategische Ausrichtung e.a. Diese Beschreibungsfelder können in der Konfiguration nach Bedarf angepasst werden.
- Den Potenzialen. Diese geben die Ziele an, die mit dieser Stossrichtung erreicht werden könnten (ich sage bewusst "könnten", da es eine erste Abschätzung ist).

INSTRUMENTE PLANUNG

- Roadmap
- Finanzplan
- Massnahmen
- Organisatorische Anforderungen
- Störungsanalyse

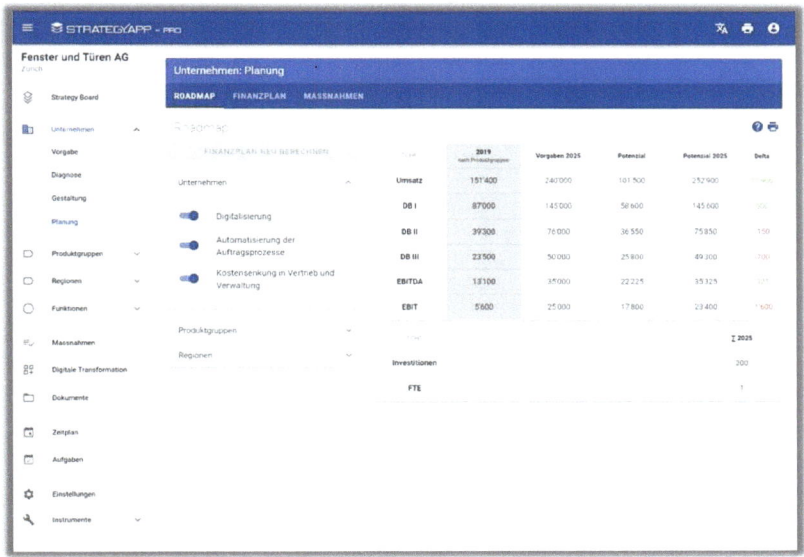

Abbildung 34: Roadmap auf Unternehmensebene

Roadmap

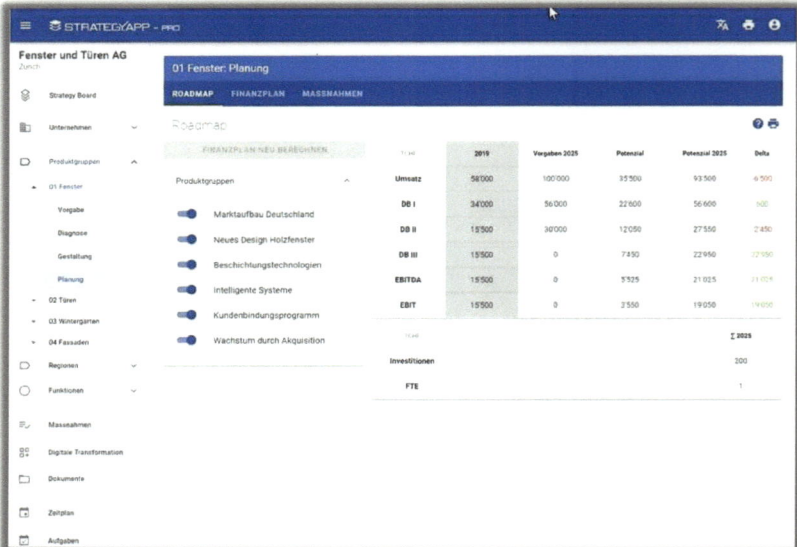

Abbildung 35: Roadmap für das Geschäftsfeld Fenster festlegen

Funktion und Anwendung

In der Roadmap werden nun die Potenziale der Stossrichtungen mit den Vorgaben abgeglichen. Das Delta zeigt auf, ob wir mit unseren Stossrichtungen die angestrebten Ziele erreichen können.

Wählen Sie die Stossrichtungen aus, die Sie in die Roadmap aufnehmen wollen. Sie haben alle Stossrichtungen zur Auswahl: die internen (Unternehmensebene), die Stossrichtungen aus den Geschäftsfeldern sowie die Stossrichtung der Funktionalstrategien:

Sobald Sie mit der Auswahl fertig sind, lassen Sie den Finanzplan berechnen, indem wir links oben auf die Schaltfläche "Finanzplan berechnen" klicken. Diese Schaltfläche leuchtet auf, sobald die Auswahl geändert wird. Damit können Sie mehrere Szenarien rechnen lassen.

> **Hinweis:**
> Im Normalfall werden die Potenziale höher eingeschätzt als Sie dann in der

Umsetzung realisiert werden. Deshalb sollten Sie die Vorgaben hier übertreffen - als Regel gilt: 50% bis 100% höher.

Finanzplan

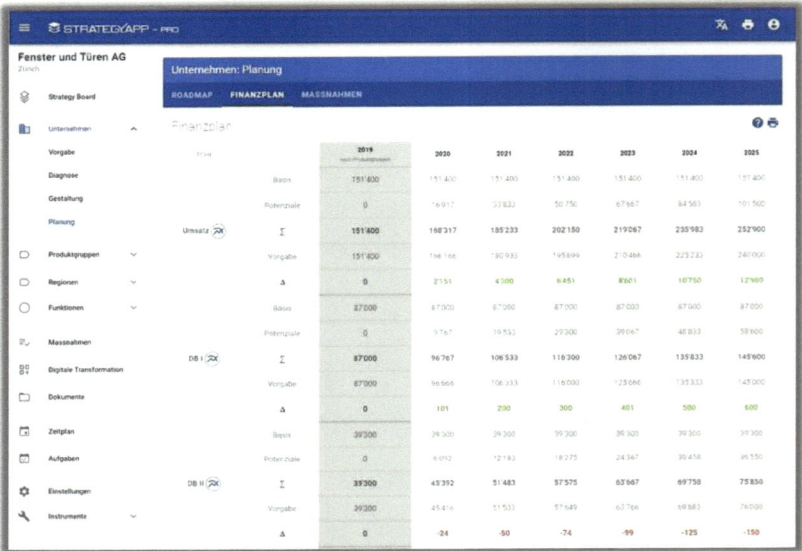

Abbildung 36: Finanzplan mit Vorgaben, Potenzialen und strategischen Zielen

Funktion und Anwendung

Der Finanzplan zeigt die Entwicklung des Umsatzes und der Ergebnisse gemäss den Potenzialen aus den Stossrichtungen, die Sie in der Roadmap ausgewählt haben.

Der Finanzplan muss nach jeder Änderung in der Roadmap neu gerechnet werden und stellt sich hier als Ergebnis dar. Für jede Kennzahl werden die folgenden Werte dargestellt:

- Basis aus dem letzten abgeschlossenen Jahr
- Potenziale als Summer aller Stossrichtungen
- Summe der möglichen Ergebnisse
- Vorgaben aus den Zielsetzungen

Massnahmen

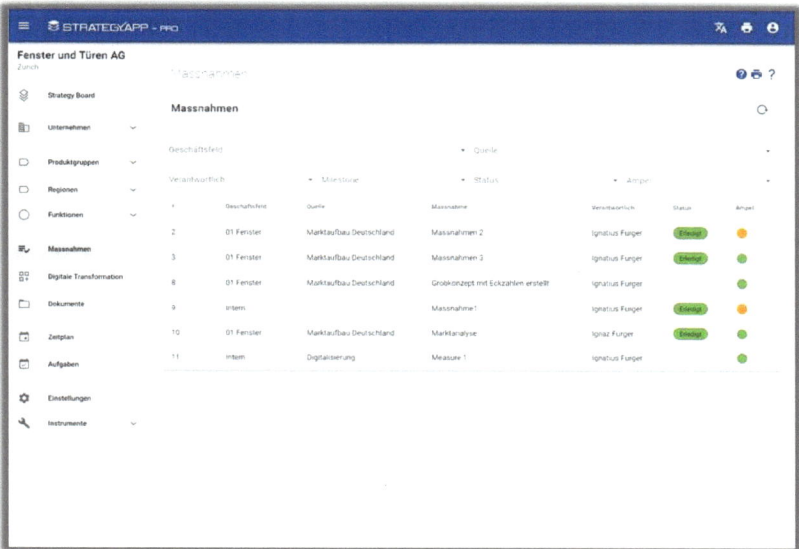

Abbildung 37: Die Massnahmen sind erfasst und bereit für die Umsetzung

Funktion und Anwendung

Mit den Massnahmen wird die Umsetzung der Strategie konkretisiert. Meist sind dies nicht einfache Aktivitäten, sondern mittlere bis grössere Projekte, die in ein mehr oder weniger umfangreiches Projektmanagement eingebunden werden.

Wir werden hier diese Massnahmen mit Zielsetzung und Terminen aufführen, nicht aber das Projektmanagement darstellen. Dazu gibt es Standardprogramme, die das besser bewerkstelligen. Damit trennen wir auch die strategische Ebene von der operativen Umsetzung.

Was wir auf der strategischen Ebene benötigen, ist ein Führungsinstrument, das aufzeigt, wer - was - wann erledigt (hat). Wer im Einzelnen eingebunden ist, wird auf der operativen Ebene durch ein Projektmanagement geregelt.

Ableitung von Massnahmen

In der Regel werden die "strategischen Massnahmen" aus den Stossrichtungen abgeleitet. Hier erscheinen sie als unmittelbare Konsequenz aus der beschriebenen Stossrichtung. Eine Stossrichtung kann so auf mehrere Massnahmen bzw. Projekte aufgeteilt werden. Der Nachteil ist hier, dass zuerst der ganze Prozess von der Analyse über die Gestaltung bis zu Auswahl der Stossrichtungen in der Roadmap durchschritten werden muss, und das kann manchmal zu lange dauern.

Deshalb bieten wir hier die Möglichkeit, strategische Massnahmen schon aus den Hauptherausforderungen heraus zu formulieren. Damit überspringen Sie die Schritte Optionen – Adjacencies und Stossrichtungen.

Jede Massnahme wird organisatorisch einem Geschäftsfeld oder einer Funktion zugeordnet. Als Funktion steht im Moment nur die Option "intern" zur Verfügung. Dies wird später zusammen mit dem Instrument "Funktionale Anforderungen" ergänzt.

Umsetzung

Das eine ist die Formulierung und Zuordnung von Massnahmen, das andere deren Nachverfolgung und laufende Anpassung an die geänderten Gegebenheiten. Dazu wird ein Massnahmencontrolling aufgesetzt. Dieses ist ein Teil des strategischen Controllings, das aus drei Elementen besteht:

- Massnahmencontrolling
- Eckwertecontrolling
- Frühwarnsystem

Was die Massnahmen nicht sind:

- Diese Massnahmen sind kein Aktivitätenplan, den wir tagtäglich verfolgen. Es geht darum, die Ergebnisse festzuhalten.
- Wir stellen hier kein Projektmanagement auf. Dazu gibt es spezifische Instrumente, die wir hier nicht weiter erläutern.

Download Whitepaper Massnahmen:
https://www.strategy.app/whitepaper_massnahmen

DIE STRATEGY.APP

- ... ist eine Software-Applikation auf der Basis SaaS (Software as a Service), die den Strategieentwicklungsprozess abbildet.
- ... ist nach Bedarf konfigurierbar und erlaubt es Ihnen, die für Ihr Unternehmen passenden Instrumente auszuwählen.
- ... gewährt dem Anwender orts- und geräteunabhängig Zugriff auf eine konsistente Datenbasis.

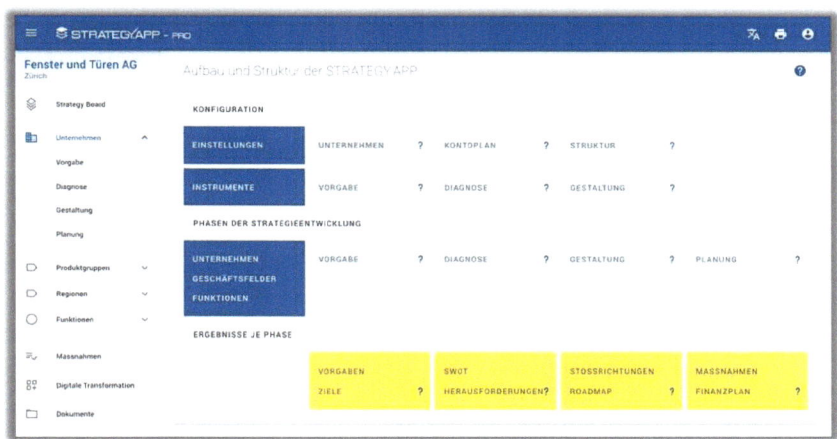

Abbildung 38: Struktur der STRATEGY.APP

Während für die operative Führung und Steuerung der Einsatz von standardisierten Methoden und Software-Applikationen von der Buchführung bis zur Steuererklärung seit langem eine Selbstverständlichkeit ist, gibt es für die strategische Steuerung eines Unternehmens bisher nichts Vergleichbares.

STRATEGY.APP® schliesst diese Lücke.

Mit dem folgenden Link können Sie die App 30 Tage lang kostenlos und unverbindlich testen:

Anmelden für STRATEGY.APP®: https://app.strategy.app

Copyright © 2021

Ignaz Furger
Krönleinstrasse 14
www.strategy.app
ignaz.furger@strategy.app
+41 44 251 8070

Dieses Werk ist urheberrechtlich geschützt. Alle Rechte, auch die der Übersetzung, des Nachdrucks und der Vervielfältigung des Werkes oder Teilen daraus, sind vorbehalten. Kein Teil des Werkes darf ohne schriftliche Genehmigung des Verlags in irgendeiner Form (Fotokopie, Mikrofilm oder einem anderen Verfahren), auch nicht für Zwecke der Unterrichtsgestaltung, reproduziert oder unter Verwendung elektronischer Systeme verarbeitet, vervielfältigt oder verbreitet werden. Die Wiedergabe von Gebrauchsnamen, Handelsnamen, Warenbezeichnungen usw. in diesem Werk berechtigt auch ohne besondere Kennzeichnung nicht zu der Annahme, dass solche Namen im Sinne der Warenzeichen- und Markenschutz-Gesetzgebung als frei zu betrachten wären und daher von jedermann benutzt werden dürfen. Trotz sorgfältigem Lektorat können sich Fehler einschleichen. Autor und Verlag sind deshalb dankbar für diesbezügliche Hinweise. Jegliche Haftung ist ausgeschlossen, alle Rechte bleiben vorbehalten.

DER AUTOR

Ignaz Furger unterstützt seit über 20 Jahren Unternehmen und Organisationen in strategischen Fragestellungen. Die Ausbildung der Mitarbeiter in strategischem Management mit praktischen Aufgaben bildet dabei eine zentrale Rolle. Ignaz Furger ist Autor des Bestsellers Strategieleitfaden, einer praktischen Anleitung für Unternehmensstrategien sowie Gründer und Betreiber der Strategieapplikation STRATEGY.APP®.

LINKS

https://www.strategy.app
https://www.strategy.app/blog
https://www.strategy.app/anmelden

Whitepapers und Tools:

- Leitplanken:
    - https://www.strategy.app/whitepaper_leitplanken
- Geschäftsfeldgliederung
    - https://www.strategy.app/whitepaper_geschaeftsfeldgliederung
- Geschäftsfeldbeschreibung
    - https://www.strategy.app/whitepaper_geschaeftsfeldbeschreibung
- eBMC
    - https://www.strategy.app/whitepaper_ebmc
- Digital-Transformation-Canvas
    - https://www.strategy.app/desk_dtc
- Wettbewerbsanalyse
    - https://www.strategy.app/whitepaper_wettbewerber
- Value Proposition / Kundennutzen
    - https://www.strategy.app/whitepaper_kundennutzen
- SWOT-GAP-Analyse
    - https://www.strategy.app/whitepaper_swot_gap
- Marktplatz
    - https://www.strategy.app/whitepaper_marktplatz
- Adjacencies
    - https://www.strategy.app/whitepaper_adjacencies
- StrategyBoard
    - https://www.strategy.app/whitepaper_strategyboard
- Massnahmen
    - https://www.strategy.app/whitepaper_massnahmen

www.ingramcontent.com/pod-product-compliance
Lightning Source LLC
Chambersburg PA
CBHW040319220526
45473CB00009B/2497